# RICHARD HOLZER
ARCHITECT  ARQUITECTO

Para Leticia

# RICHARD HOLZER
ARCHITECT　　　　　**ARQUITECTO**

*images*
Publishing

Published in Australia in 2010 by
The Images Publishing Group Pty Ltd
ABN 89 059 734 431
6 Bastow Place, Mulgrave, Victoria 3170, Australia
Tel: +61 3 9561 5544  Fax: +61 3 9561 4860
books@imagespublishing.com
www.imagespublishing.com

Copyright © The Images Publishing Group Pty Ltd 2010
The Images Publishing Group Reference Number: 884

All rights reserved. Apart from any fair dealing for the purposes of private study, research, criticism or review as permitted under the Copyright Act, no part of this publication may be reproduced, stored in a retrieval system or transmitted in any form by any means, electronic, mechanical, photocopying, recording or otherwise, without the written permission of the publisher.

National Library of Australia Cataloguing-in-Publication entry

| | |
|---|---|
| Title: | Richard Holzer: architect. |
| ISBN: | 9781864703634 (hbk.) |
| Subjects: | Holzer, Richard, 1923– |
| | Architects–Panama–Biography. |
| | Architects–Austria–Biography. |
| | Architecture–Panama–20th century. |
| Other Authors/ Contributors: | Richard Holzer Architects. |
| Dewey Number: | 720.92 |

Graphic design/**Diseño gráfico**: STL Diseño y Comuniación
Design coordinator/**Coordinación de diseño**: Arq. Miguel Sartori

Pre-publishing services by Universal Colour Scanning Ltd., Hong Kong
Printed on 140 gsm Chinese matt art paper by Paramount Printing Company Limited Hong Kong

IMAGES has included on its website a page for special notices in relation to this and our other publications. Please visit www.imagespublishing.com.

Every effort has been made to trace the original source of copyright material contained in this book. The publishers would be pleased to hear from copyright holders to rectify any errors or omissions.

The information and illustrations in this publication have been prepared and supplied by Richard Holzer Architect. While all reasonable efforts have been made to ensure accuracy, the publishers do not, under any circumstances, accept responsibility for errors, omissions and representations express or implied.

# Contents
# Contenido

| | |
|---|---|
| 6 | Introduction<br>**Introducción**<br>*Arq. Julio Jiménez de Alba* |
| 10 | As I see it<br>**Así lo veo yo**<br>*Arq. Richard Holzer* |
| 33 | Selected works<br>**Obras selectas** |
| 193 | Catalog<br>**Catálogo** |
| 220 | Epilogue<br>**Epílogo**<br>*Arq. Gustavo Fabbroni Valdez* |
| 223 | Design awards<br>**Diseños premiados** |
| 224 | **Curriculum Vitae** |

# Introduction
# Introducción

Arq. Julio Jiménez de Alba

Once, when looking at the thriving city of Panama from one of its many skyscrapers, I was moved by the memory that in 1951, when I began to study architecture, the highest building in town was the Hotel Internacional on 5th of May Plaza. Not in my wildest dreams did I imagine what was to come. More than half a century has passed and now we see a city rivaled by few in Latin America, and soon—by all signs—in the entire world. It is a vibrant city, beautiful in its urban disorder, its canal, its bay, its islands, and its spectacular constructions.

It was the first European city on the mainland of the American continent and it was the first European settlement on all of the Pacific Ocean. It is an important city in the world, and its version of the 20th and part of the 21st century bears the face of its architect. That architect is Richard Holzer.

Around 1951, Richard Holzer built his first important work, the Cia. Internacional de Seguros, next to the Hotel Internacional. An elegant and modern building, it had the modesty, later to be characteristic, of fitting itself to the Hotel Internacional,

Un día, contemplando la pujante Ciudad de Panamá desde uno de sus muchos rascacielos, recordé con emoción que cuando entré a estudiar Arquitectura en 1951, el edificio más alto de la ciudad era el Hotel Internacional de la Plaza 5 de Mayo. Ni en mis sueños más descabellados imaginé lo que habría de desarrollarse después. Ha pasado más de medio siglo y estamos frente a una urbe con pocos rivales en América Latina, y por lo que se estima, pronto en el mundo. Es una ciudad vital, bella en su desorden urbano, en su canal, su bahía, sus islas, su vegetación y sus espectaculares construcciones.

Fue la primera urbe europea en Tierra Firme del Continental Americano y fue el primer asentamiento europeo en todo el Océano Pacífico. Es una ciudad importante en el mundo y su versión del Siglo XX y parte del Siglo XXI, tiene la cara de su Arquitecto. Y ese Arquitecto es Richard Holzer.

Alrededor de 1951 y justamente al lado del Hotel Internacional, hizo Richard su primer trabajo importante, que fue la Cía. Internacional de Seguros. Elegante y moderno edificio, tuvo la modestia, después característica,

## 7
### Introducción

continuing its levels and even its ornamental horizontal lines, in an excellent exercise of contextuality. The massive volume that was thus created dominates the plaza to this day.

Those of us who studied architecture recognized it immediately as the harbinger of what was to come, and we were not mistaken.

"Cities develop along the donkey trails," said that great architect Le Corbusier, and the city of Panama grew along Vía España, the old "Camino de las Sabanas" and others, the "donkey trails."

Block by exciting block, this big village grew over the decades until it reached its impressive present. And with it grew Richard Holzer. Leafing through a compendium of his work, it almost seems that his imprint is on every block, in a staggering proliferation of talent and productivity. His work is marked by virtual landmarks: the Avesa Building, the Continental Hotel, the Credicorp Bank building and, more recently, the Torres de las Americas.

Each of these alone assure Richard Holzer a stellar place on the altars of Panamanian architecture. But my purpose is not to analyze his work in detail; that I leave to the book that follows.

de amoldarse al Hotel Internacional, siguiendo sus niveles y hasta las líneas decorativas horizontales, en un excelente trabajo de contexto. El macizo resultante todavía domina la plaza.

Los que estudiábamos Arquitectura lo reconocimos inmediatamente como una clarinada de lo que habría de venir, y no nos equivocamos.

"Las ciudades se desarrollan por el camino de los burros", decía el gran arquitecto Le Corbusier, y Panamá se fue regando por Vía España, el viejo camino de Las Sabanas, y otros, "los caminos de los burros".

Cuadra tras emocionante cuadra creció este "pueblón grande" que era entonces, durante las siguientes décadas hasta llegar a nuestros impresionantes días. Y con él creció Richard Holzer. Al hurgar entre sus obras, casi pareciera que hay una muestra en cada tantas de esas cuadras, en pasmosa proliferación de talento y productividad. Ese camino está marcado de verdaderos hitos, entre otros, como el Edificio Avesa, el Hotel Continental, el Credicorp Bank y, muy recientemente, Las Torres de las Américas.

Cada uno de esos trabajos le garantizaría a Richard un lugar estelar en los altares de la Arquitectura Panameña. Pero no es mi propósito analizar sus obras en detalle, eso lo que dejo al libro que sigue a continuación.

## Richard Holzer

Richard Holzer has not been one of that handful of feverish global geniuses of failed "Weltanschauung" that at times mark the course of the architecture of nations. But he did distill the best of all trends. In each decade he was a true representative of the times, always at the vanguard, on a par with the development of world architecture, always within the context of his adopted country.

He arrived in Panama from Vienna, at the hands of his parents fleeing from the Nazi horror because of his Jewish religion. His magnificent synagogues testify to his clear faith and upon request he has designed churches with great sensitivity and respect for that other Jew, Jesus. Long ago he could have emigrated to other countries, achieving an even more meteoric career. He holds license to practice elsewhere, but he preferred to stay in his small homeland, making it greater with his work and his mere presence.

On all levels he has been an exemplary citizen. Preferring a quiet home life with his wife Leticia and daughter, he has led an active but modest social life, not unnecessarily seeking out the limelight.

"Dedication" is the word that defines him. He has dedicated himself to architecture at all levels. He has been professor, consultant, and indefatigable defender of the profession. It happened once that I accompanied him at one of his many meetings in the fight against the suffocating bureaucracy in a government office. One of the officials, a young lady, neophyte

No ha sido Richard Holzer uno de esos del puñado de afiebrados genios globales con fallidas "Weltanschauung" que a veces marcan el camino en la Arquitectura de las naciones. Pero sí destiló lo mejor de todas las tendencias. En cada década fue representante de sus tiempos, siempre a la vanguardia, hombro con hombro con los desarrollos de la arquitectura mundial, siempre en el contexto de su patria adoptiva.

Llegó a Panamá desde Viena de la mano de sus padres, huyendo del horror Nazi por su religión judía. Sus magníficas sinagogas atestiguan su clara fe, y a petición, ha hecho excelentes iglesias con gran sensibilidad y respeto por aquel otro judío llamado Jesús. Hace tiempo pudo emigrar al Primer Mundo y hacer una carrera aún más meteórica. Está licenciado en varios lugares fuera de Panamá, pero se quedó en su patria chica, haciéndola más grande con sus obras y su sola presencia.

En todos los niveles ha, sido un ciudadano ejemplar. Hombre de su casa, junto a esposa Leticia y su hija ha llevado una vida activa pero modesta, sin falsos protagonismos.

La palabra "dedicación" casi lo define. Se ha dedicado a la Arquitectura en todos los niveles. Ha sido profesor, consultor, incansable luchador por la profesión. Me tocó acompañarlo en una de sus muchas reuniones de lucha contra la asfixiante burocracia, en una oficina pública. Altaneramente una

## Introducción

in these affairs, haughtily asked him for his name (as if she didn't know) and told him: "I never heard your name before." Richard slightly inclined his head and answered very humbly, "Some have heard of me," an illustration of his simplicity, and the character of a great man. And I suspect that in the future his name will be heard more, and with renewed respect.

In his eighties he keeps working unfazed and doing surprising things. He truly is a giant of Panamanian architecture in the 20th century and now he peeks into the 21st with unflagging vigor. A few years ago a colleague and friend said to me, with admiration, "This man will die with a drawing pencil through his heart!" and no doubt this is how it will be.

funcionaria neófita, de esas acomplejadas que habitan por ahí, le preguntó su nombre (como si no lo supiera) y le dijo con desdén: "Nunca he oído su nombre". Richard bajó ligeramente la cabeza y dijo muy humildemente "algunos han oído hablar de mí". Retrato de su simplicidad y carácter, de hombre grande. Y sospecho que en el futuro oirán más su nombre, y con un nuevo respeto.

Sigue trabajando a los ochenta años como si fuera nada, y haciendo cosas sorprendentes. Es realmente el gigante de la Arquitectura Panameña del Siglo XX, y ahora se asoma al XXI con nuevo vigor. Un colega amigo me dijo con admiración hace varios años: "Ese hombre va a morir con un lápiz de dibujo clavado en el corazón" y así será seguramente.

# As I see it
# Así lo veo yo

Richard Holzer

*Create form out of the nature of the task with the means of our time. This is our work.*
Ludwig Mies van der Rohe

*Form with the dynamics of your blood the functions of its reality, elevate its functions to dynamic supra-sensuality. Simple and certain as the machine, clear and bold as construction. From real presuppositions form art, from mass and light form intangible space.*
Erich Mendelsohn

Since I was old enough to think about such things, to be an architect was my goal. It always seemed to be that there could be nothing more exciting than to build great buildings. During all my life I have never changed my mind. The only thing I did was to insert "good" between "to be an" and "architect" when defining my goal.

I always understood architecture as the art of building. There is no architecture without art but neither is there without building. While I did indeed for a few years teach a course on Theory of Architecture at the University of Panama, in reality what I strived to transmit was a series of concepts that I consider the essential

*Crear la forma a partir de la naturaleza de la tarea, con los medios de nuestro tiempo. Ese es nuestro trabajo.*
Ludwig Mies van der Rohe

*Forma con la dinámica de tu sangre las funciones de [la] realidad, eleva sus funciones a la super-sensualidad dinámica. Simple y cierto como la máquina, clara y atrevida como la construcción. De presupuestos reales forma arte, de masa y luz forma espacio intangible.*
Erich Mendelsohn

Desde que tenía edad para pensar en esas cosas tenía como meta ser arquitecto. Siempre pensé que no podía haber nada más apasionante que construir grandes obras. Durante toda mi vida nunca cambié de opinión. Lo único que hice fue intercalar "buen" entre "ser" y "arquitecto" al definir mi meta.

Siempre entendí arquitectura como el arte de construir. No hay arquitectura sin arte, pero tampoco sin construcción. Si bien dicté por unos años la cátedra de "teoría de la arquitectura" en la Universidad de Panamá, en realidad lo que me esforcé en transmitir fue un conjunto de conceptos que considero fundamentales. Es evidente que debe haber

# Richard Holzer

1. Ballavistino style
This building by architect Gustav Schay, founder of Schay & Holzer, is typical of the type of architecture predominant in Panamá in the 1940s and 1950s, though it is larger and better than most of the constructions in the city. It is what is locally called the "bellavistine" style, after the sections of the town in which it predominates, Bella Vista.

1. Estilo Bellavistino
Este edificio, obra del Arq. Gustavo Schay, fundador de la firma Schay & Holzer, ejemplifica el tipo de arquitectura predominante en Panamá en los ´40 y ´50, si bien este ejemplo es mejor y mayor del bulto de lo construido en la ciudad. Es en estilo "bellavistino", así nombrado por el barrio en el que predominan, Bella Vista.

parameters of good design. Evidently there must be a philosophical conviction behind every design. Nevertheless I do not think that one can talk of architecture without construction being involved. Theories turned into prescriptions for design are merely crutches for those lacking creativity. Theory understood as a web of convictions is an intrinsic part of that subconscious out of which surge creative solutions. There are no recipes for good design but there are essential parameters that define its boundaries.

The artist first creates and then theorizes. Great artists have rarely been great theorists. Mostly that is left to the critics, who come afterwards. There are exceptions to this, of course; in architecture these are a well-known few, and not infrequently what they designed did not follow the dictates of their theories.

Some architects of the second half of the 20th century designed on the basis of their very own theories, but now that a number of years have passed, these theories appear to have been methods of design rather than theories of design. Nevertheless even in exceptional cases the evaluation of the result, and thus of its conceptual origin, is only possible via the experiential study of the built work and not via the study of the

una convicción filosófica detrás de cada diseño, pero aun así, si no hay construcción de por medio realmente no creo que se pueda hablar de arquitectura. Las teorías convertidas en recetas de diseño sólo son muletas para los poco creativos. La teoría entendida como un conjunto de convicciones es parte intrínseca de ese subconsciente del que surgen las soluciones creativas. No hay recetas para el buen diseño pero hay parámetros que definen sus linderos.

El artista primero crea, luego teoriza. Los grandes artistas pocas veces han sido grandes teóricos. Eso es cosa de los críticos, es posterior a la obra. Hay excepciones a la regla, desde luego, incluso en arquitectura, pero son escasas y no siempre lo que diseñan los teóricos refleja sus teorías.

Algunos arquitectos de la segunda mitad del siglo XX diseñaron a partir de teorías muy propias, pero a la distancia de unos pocos años estas me lucen más como metodologías de diseño que teorías en propiedad. Aun en los casos excepcionales, sin embargo, la evaluación del resultado y, por ende, de su origen conceptual sólo es posible mediante el examen experiencial de la obra construida y no mediante el estudio de los dibujos del

preliminary sketches or of the working drawings. Volumes need to be appreciated in three dimensions, at actual scale—in situ; space must be felt.

For this reason I never had enough patience to develop imaginary designs, hypothetical or for projects with scant probability of becoming concrete reality. Architecture is the art of construction.

Thus the architect who doesn't have full knowledge and awareness of all aspects of the process of building cannot be a true architect. The true architect is the complete master of his craft, just as the musician of his scales or the painter of the mixing of pigments. The architect that does not possess such complete mastery of the craft of building, of all its materials and techniques, including a deep understanding of structure, finds his creativity severely constrained and his concepts subject to the transformations and deformations resulting from the usually overwhelming pressure of the suggestions of all the advisors, technicians, and consultants that necessarily must participate in his project. And lack of knowledge of the latest developments in materials and techniques eliminates the possibilities these offer.

Of course it is true that no matter how knowledgeable the architect, today's technology requires the participation of numerous specialists; the larger the project, the greater will be the number of necessary collaborators. A good design requires a directing mind with a clear and coherent design intent, to come to successful fruition. There is no way to perform a symphony without a great group of musicians, but no orchestra

anteproyecto o de los planos de construcción. Los volúmenes hay que apreciarlos en tres dimensiones, a escala real y en su sitio; el espacio hay que sentirlo.

Es por eso también, que nunca tuve la paciencia necesaria para desarrollar diseños imaginarios, teóricos o de proyectos con escasa probabilidad de materialización. Arquitectura es el arte de construir.

Por ello el arquitecto que no sabe construir, que no domina todos los aspectos del oficio de construir, no puede realmente ser un buen arquitecto. El arquitecto cabal domina totalmente su oficio, tanto como el músico el solfeo y el pintor el dibujo y la mezcla de pigmentos. El no dominar todas las facetas de ese oficio de construir, incluida una profunda comprensión de los aspectos estructurales, circunscribe estrechamente la creatividad del arquitecto y sujeta sus concepciones a las transformaciones y deformaciones producto de las sugerencias impositivas de cuanto asesor, ingeniero y consultor técnico tenga que intervenir en el proyecto. Y el desconocimiento de los últimos desarrollos en materiales y métodos elimina las posibilidades que estos ofrecen.

Desde luego que la tecnología exige la intervención de un sin número de especialistas; cuanto mayor sea la obra tanto mayor será el número de colaboradores, pero un buen diseño requiere de una mente directriz con un norte claro, una intención de diseño propia y coherente para su

## 13
**Richard** Holzer

President Remón Racetrack
Hipódromo Presidente Remón

Interfin Bank
Banco Interfin

Tower Regency Place
Torre Plaza Regency

N.M. Residence
Residencia N.M.

has been led successfully by three conductors "working as a team." Louis Kahn said it quite clearly: "I think that an act of architecture … cannot be done by more than one person."

Nonetheless, teamwork is essential. I have always found interaction with others basic. I have never worked without the benefit of fertile dialogue with a partner (Gustavo Schay, Marcelo Narbona) and the cooperation of assistants, associates, collaborators, engineers, and technicians. Many of what I consider my best ideas have been the consequence of their comments and our conversations. But in the end I have always tried to control the direction of my designs; and that direction must permeate the design on all levels. Was it Mies who said that "God is in the details"?

To be sure, this attitude is the source of much frustration in a country in which technical and financial resources are limited especially because of its small population, and in a period in which technological progress has resulted in the abandonment and consequent loss of many traditional techniques.

concreción exitosa. No hay manera de tocar una sinfonía sino con un gran grupo de músicos, pero ninguna orquesta sinfónica ha sido dirigida con éxito por tres directores conduciendo "en equipo". Ya lo dijo Louis Kahn "Pienso que un acto de arquitectura … no puede ser ejecutado por un grupo de personas."

No obstante, el trabajo en grupo, en equipo, es esencial. Siempre he encontrado fundamental la interacción con otros. Jamás he trabajado sin el beneficio del diálogo fértil con un socio (Gustavo Schay, Marcelo Narbona) y la cooperación de colaboradores, asociados y asistentes, ingenieros y técnicos; y muchas de mis mejores ideas han sido consecuencia de sus comentarios y nuestras conversaciones. Mas al final siempre he tratado de controlar la dirección de mis diseños; y esa dirección tiene que permear el diseño en todos los niveles. ¿Fue Mies el que dijo que Dios está en los detalles?

Por supuesto que esa convicción es causa de muchas frustraciones en un medio en que los recursos técnicos,

1. Arboix building
1. Edificio Arboix

2. Continental Hotel
2. Hotel Continental

These convictions and the desire to utilize up-to-date contemporary construction methods to the maximum very often forced me into the role of pioneer in the introduction of methods and materials new to the local construction industry and made me find ways to adapt methods developed in the industrialized world to our still-developing world via their incorporation into my projects. Many of the methods and materials that today are part and parcel of the Panamanian architect's and builder's resources were not locally known until I used them in some project of mine.

For it so happened that the world in which I began my work not only was a young, new, "developing" world; it was a very small world in which the country's population had not yet reached a million and that of its capital barely 100,000. It was world in which quality by definition meant old, and in which the highly esteemed professional was "Sr. Ingeniero" rather than the little-known and less regarded "Arquitecto."

económicos y de escala están severamente limitados por lo pequeño de la población, y en un período en que el progreso tecnológico ha resultado en el abandono, y consecuente olvido, de muchas técnicas tradicionales.

Esas convicciones, y el deseo de utilizar al máximo factible las técnicas constructivas del momento, muchas veces me impusieron el papel de pionero en la introducción de métodos y materiales nuevos a la metodología constructiva local, inventando maneras de aplicar los adelantos del arte de construir del mundo desarrollado a nuestro mundo en vías de desarrollo mediante su incorporación en mis obras. Muchísimas de las técnicas y de los materiales que hoy son parte habitual del arsenal del arquitecto y del constructor panameño no eran conocidos en la plaza hasta que no los empleara yo por vez primera en alguna obra.

Es que el mundo en que me tocó iniciar mis labores no era tan sólo un mundo joven, nuevo, "en desarrollo"; era un mundo pequeño, en que la población del país no llegaba aún al millón, y la de su capital apenas pasaba de los 100.000 habitantes. Un mundo en que "fino" por definición significaba "antiguo", en que el profesional respetado era el "Sr Ingeniero" y no el poco conocido y menos reconocido "Arquitecto".

No obstante siempre fui un convencido de que no hay ninguna razón por la que nuestra arquitectura no sea de la misma calidad que la mejor del mundo; la mejor, no necesariamente la más novedosa. Siempre me opuse a la

3. Abadi building
3. Edificio Abadi

4. San Antonio church
4. Iglesia San Antonio

Nevertheless, I have always believed that there is no reason for our architecture not to be of the same quality as the best in the world; the best, not necessarily the most novel. I have always opposed the equation "new=better." That is the commercial equation, the way to sell a toothpaste, or an automobile. But the toothpaste lasts a week, the car a few years; the products of an architect's work can easily last a century or more.

The criterion of fashion is not one applicable to the "art of construction." In architecture what is required, what should be sought, is excellence, not the latest dictate of fashion. Convinced of this, I never chased the new, only the good, not the latest but the best possible.

Experiments and radical innovation certainly have an important place in architecture, analogous to that of the Darwinian mutations. Just as in species evolution where the many negative

ecuación "nuevo = mejor". Esa es la ecuación comercial, la manera de vender pasta de dientes o un automóvil. Pero la pasta de dientes dura una semana, el coche unos pocos años; mientras que las obras del arquitecto duran fácilmente un siglo o más.

El criterio de "moda" no es un criterio aplicable al "arte de construir". En arquitectura lo que se requiere, lo que se debe buscar es excelencia, no el último grito de la moda. Convencido de ello nunca perseguí lo novedoso sino lo bueno, no lo último sino lo mejor posible.

Los experimentos y la innovación radical desde luego que tienen un sitio importante en arquitectura, análogo al de las mutaciones darwinianas. Tal como en la evolución de las especies, las muchas mutaciones negativas se desechan y las positivas se incorporan, sin duda las innovaciones arquitectónicas ayudarán a evolucionar a nuestra arquitectura a la par con nuestra civilización.

Sin embargo, el renombre del Partenón no se debe a su originalidad sino a su excelencia. La mejor arquitectura está al margen del tiempo; ni es de moda ni pasará de moda. Eso enfáticamente no quiere decir que debemos copiar la arquitectura antigua. La mejor arquitectura es la que usa de la mejor manera posible los recursos técnicos del momento. ¿No es ese el caso de la catedral gótica? ¿O del Partenón? ¿O de Hagia Sofía? ¿O del Palacio de los Gobernadores en Uxmal?

mutations are discarded and the positive ones adopted, architectural innovations will help us evolve an architecture on a par with our civilization.

However, the renown of the Parthenon is not due to its novelty but its excellence. The best architecture is always outside of time; it is neither fashionable nor will it ever become old fashioned. This most emphatically does not mean that we should copy ancient architecture. The best architecture is that which uses the available technical resources of its time in the best possible way. Isn't this the case of the gothic cathedral? Or of the Parthenon? Or of Hagia Sophia? Or of the governor's palace at Uxmal?

Within the limitations of time and place I have always tried to design in a manner that reflects the best available technology. My idiom has always been that of contemporary architecture, what some call the international style and others the modernist style. Contemporary architecture seems to me the most apt because it implies using all feasible technical (and economical) resources in an efficient manner, and doing so in an honest fashion.

While I have never shared the messianic convictions of the founders of this architecture, I did always believe that the honest use of materials, structure, and technology is a prerequisite for good architecture; it doesn't produce it but is an indispensable ingredient. The dishonest use of forms and materials, the simulation of structures that do not really support anything, are types of lies. There can be no good architecture based on lies.

Con las limitaciones del sitio siempre he tratado de diseñar en un idioma que refleje la tecnología a nuestro alcance. Mi idioma siempre fue la arquitectura contemporánea, lo que algunos llaman "el estilo internacional" y otros "el estilo modernista". Para mí, "contemporánea" es la mejor descripción pues es la arquitectura que utiliza de manera eficiente todos los recursos técnicos (y económicos) factibles y trata de usarlos de manera honesta.

Aunque nunca compartí las convicciones mesiánicas de los fundadores de esa arquitectura, siempre creí que el uso honesto de materiales, estructuras y técnicas es un prerrequisito de la buena arquitectura; no la produce por sí y ante sí pero es ingrediente indispensable en ella. El uso deshonesto de formas y materiales y la simulación de estructuras que no son las que realmente sostienen la obra, son formas de mentiras. No hay buena arquitectura basada en la mentira.

Quizás en rebelión inconsciente al muchas veces falso mundo neo-barroco y neo-rococó vienés que viví en mi primera infancia, siempre me opuse a los ornamentos innecesarios, si bien traté de incorporar el arte a la obra. Desde luego, se aprende, se evoluciona. Hoy mis enfoques son mucho menos inflexibles y tajantes en estos temas.

Aunque desde mis inicios seguí los lineamentos de la arquitectura contemporánea, siempre traté de liberarla de la fórmula del monobloque aprendido en las aulas, de suavizar su morfología y agregarle interés y variedad. Sentía que la

## Richard Holzer

Perhaps in an unconscious rebellion against the often sham neo-baroque and neo-rococo world of my early Viennese youth I have always been opposed to unnecessary ornament, although I have always tried to incorporate art into my projects. Of course, one learns, one evolves. Today my attitudes are much less drastic and unyielding regarding these matters.

Although since my early beginnings I have always followed the general principles of contemporary architecture, I have always tried to liberate it from the classic formula of the orthogonal block learned in the classroom, to soften its morphology and add interest and variety. I felt that good architecture needs to include in the functions it must resolve those of satisfying the esthetic needs of the human being, just as the Mesoamerican natives did when adding the characteristic drawings of their pre-Hispanic culture to the utilitarian form of their clay vessels, as did the Cretans with their Minoan drawings on their pottery.

This conviction led me to introduce angles into my shapes, first applied to the entire volume (Arboix building[1]) and later as a macro-texture (Continental Hotel[2]). From there the exploration of plasticity led me to the use of curves, first in the floor plan (Grobman building[7], Esses building[8], Abadi building[3]) and then in three dimensions (San Antonio church[4]).

At that point I felt that I had somehow gone too far, or at least had reached a line beyond which I would fall into unjustifiable excesses.

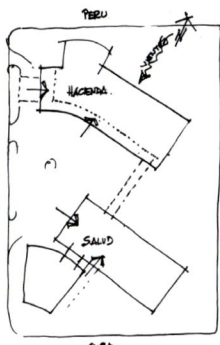 

5&6. Ministries of Treasury and of Health
5&6. Ministerio de Hacienda y Salud. Esquema

buena arquitectura tiene entre sus funciones esenciales la de satisfacer la necesidad estética del ser humano, tal como la expresó el indígena mesoamericano al agregar a la forma utilitaria de sus vasijas de barro los dibujos tan característicos de su civilización precolombina, igual como lo hicieron los cretenses en su alfarería, al desarrollar su propia civilización.

Ese enfoque me indujo a ensayar ángulos en mi plástica, primero aplicados al volumen entero (Edificio Arboix[1]) y luego a manera de macro-textura (Hotel El Continental[2].) De allí la búsqueda de la expresión de plasticidad me llevó al uso de curvas, primero en planta (Edificio Grobman[7], Edificio Esses[8], Edificio Abadi[3]) y luego en tres dimensiones (Santuario de San Antonio[4].)

En ese momento sentí que, de alguna manera, había ido demasiado lejos o al menos había llegado al punto en que el próximo paso bien podría hacerme caer en excesos injustificables.

## Richard Holzer

For many years, I have kept in my office, always in my sight, two small framed images: the floor plan of one of the residences designed by Mies van der Rohe, and the conceptual sketch of the Einstein tower by Erich Mendelsohn. The former is an abstract, minimalist composition of straight lines on an invisible orthogonal matrix; the latter is just a few strokes of the pencil suggesting a volume, a concept expressing the genius of its namesake.

These are the two directions that have dominated my work, which is only the attempt to find the equilibrium point between these two poles, the crystalline and the organic, the rational and the emotional, the simple and the complex, the fusion of the product of the mind's left and right hemispheres.

Design—good design—is, I am convinced, one that has found the equilibrium that incorporates the poetic and the rational in the plastic with the least possible effort. In this sense, less is indeed more. Less, however, should never be understood as the absence of complexity, which results in monotony or lack of esthetic content.

Persuaded that I am that the esthetic is as necessary as it is useful, I never permitted myself to search for the shape, the plastic form without regard for functionality. My starting point is not the a priori adopted form but the well thought out floor plan. I am quite aware that in truth form does not follow function, but rather is the result of decisions that are to a certain extent arbitrary, but I am convinced that it should not be developed independently of the function as

Tengo en mi oficina desde hace muchos años, en pequeños cuadros siempre al alcance de mi vista, dos pequeñas imágenes: la planta de una de las residencias diseñadas por Mies van der Rohe, y el primer boceto del diseño de la torre Einstein de Erich Mendelsohn. El uno, una composición abstracta, minimalista, de líneas rectas dispuestas sobre una matriz ortogonal invisible, el otro, sólo unos pocos trazos curvos insinuando un volumen y un concepto que tratan de dar expresión al espíritu del genio homónimo.

Son los dos polos entre los cuales se ha debatido mi trabajo, que no es sino

la búsqueda del equilibrio entre esos polos, lo cristalino y lo orgánico, lo racional y lo afectivo, lo simple y lo complejo, la fusión del producto de los dos hemisferios cerebrales.

Pienso que el diseño, el mejor diseño, es aquel que encuentra ese punto de equilibrio, que incorpora lo poético y lo racional en lo plástico con el menor esfuerzo posible. En ese contexto efectivamente "más es menos". "Menos", sin embargo, nunca debe entenderse como la ausencia de complejidad que resulta en monotonía o falta de contenido estético.

Convencido que lo estético es tan necesario como lo útil, o tan útil como lo necesario, sin embargo jamás me permití buscar la forma, lo plástico independiente de los aspectos funcionales, tal como plasmados en la planta. En definitiva, mi punto de partida no es la forma adoptada a priori sino la

### Richard Holzer

expressed in the floor plan(s). Once the function has been defined and satisfied it is time to search for the shape that best contains or expresses it. This is a reiterative process in which the shape suggested by the function in turn modifies the floor plan without diminishing its functionality, and so forth through several iterations until the best possible synthesis of form and function is found.

Thus the terrace of the Arboix building is deeper where it needs to be to serve its likely use, and diminishes until it is a mere shelf for air conditioning equipment where that is needed, widening again toward where another balcony is desired, though smaller than that off the living room.

Frequently bioclimatic factors were the starting point and shaped the floor plan. In the 1950s and even the 1960s, in Panama, the use of air conditioning was very limited. Short of it, only air motion, cross ventilation, can mitigate Panama's hot tropical climate. Thus the orientation of the Ministries of Treasury and of Health[5] is the result of the desire to face as wide as possible an elevation 90 degrees across the most frequent wind direction; this in turn gave rise to the shape of the Treasury building and the volume of the Health Ministry[6].

Out of similar considerations, plus the desire to offer good views to the Bay of Panama, arose the orientation of the (Riande)

planta resultado de la función. Definida y satisfecha la función de este modo preliminar se busca la forma que mejor la exprese. Es un proceso de retroalimentación reiterada en que la forma que sugiere la función modifica la planta, sin afectar su funcionalidad, y así sucesivamente hasta encontrar la mejor síntesis posible, de forma y función.

Así, el balcón del Edificio Arboix es más ancho donde más ancho debe ser por su uso, y se reduce hasta quedar como una repisa de equipo de aire acondicionado donde se requiere así, hasta que otra vez se requiere un balcón, pero menor que el de la sala. Los ángulos de la fachada son los ángulos de la planta; son la expresión de la función.

Muchas veces los factores bioclimáticos eran el punto de partida y determinaban en buena medida la planta. En los años '50 y '60, en Panamá, el uso del equipo de aire acondicionado era muy limitado. El movimiento del aire, la ventilación cruzada, era lo único que podía hacer agradable el clima del trópico húmedo Panameño. Así, la orientación de los Ministerios de Hacienda y de Salud[5] nace del deseo de oponer un frente amplio a noventa grados de los vientos predominantes dando origen, a su vez, a la forma del Edificio de Hacienda y la volumetría del de Salud[6].

Por consideraciones semejantes, sumadas al deseo de ofrecer una excelente vista a la Bahía de Panamá, surgió la orientación del Hotel El (Riande) Continental9 y de allí el tratamiento de fachada con las grandes persianas de hormigón prefabricado diseñadas para conducir al interior

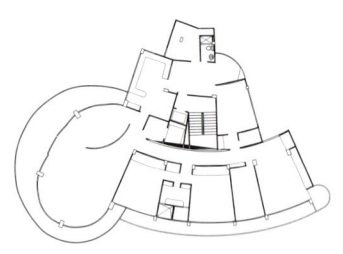

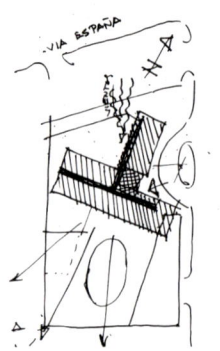

7. Grobman building
7. Edificio Grobman. Planta típica

8. Esses building
8. Edificio Esses

9. Riande Continental Hotel. Orientation
9. Hotel Riande Continental. Orientación

10. Riande Continental Hotel. Detail
10. Hotel Riande Continental. Detalle

Continental Hotel[9] as well as the façade of prefabricated vertical louvers, designed to conduct these refreshing breezes to the inside of the building and receive spill rain in the planters supporting the hanging garden[10].

Today, of course, a hotel in Panama without full air conditioning would be unthinkable.

But even today it is equally unthinkable to me to design a residential building, an apartment house whose floor plan does not foster cross ventilation and that does not have ample balconies or terraces on which to enjoy a pleasantly cool spot that is in contact with the natural environment[11].

Office buildings are a different case. To one who has drafted working drawings in a non-air conditioned office it is more than obvious that mechanical cooling is a sine qua non. The use of the various devices that permit a drastic reduction of the hours in which air conditioning is needed, ever more popular in temperate and even sub-tropical climates, is to all intents and purposes

del edificio las brisas refrescantes y recibir en los maceteros de y los jardines "colgantes", las lluvias que colasen entre ellas[10].

Hoy, desde luego, pretender un hotel en Panamá que no tenga aire acondicionado total sería inimaginable.

Pero aún hoy es para mí impensable un edificio de viviendas sin que su planta promueva la ventilación cruzada, y sin que se provean amplias terrazas cubiertas que permitan a sus ocupantes disfrutar de un sitio fresco y agradable en contacto con el medio.

Otro es el caso de los edificios de oficinas. Para quien recuerde haber dibujado planos en una oficina sin aire acondicionado resulta más que obvio que esa instalación mecánica es un requisito imprescindible. El empleo de los artefactos y recursos arquitectónicos para reducir los períodos en que se requiere el uso del equipo de aire acondicionado, cada vez más populares en climas

## Richard Holzer

inapplicable in a humid tropical climate such as that of Panama. The sun is almost as many days in the north as in the south, and during most of the day is high up in the sky. This has profound effects on design. There is hardly any difference between the four sides since each is subject to almost the same solar load during an almost equal number of days. What are really needed are movable sun breaks and glass of variable transparency. The latter is not yet on the market at affordable prices and the cost of the former is unmanageable in an as-yet developing economy where the user does not understand the long-term savings that would result from a significant initial cost. To educate the public on this point is a pending task for architects practicing in the tropics.

Climate should be a starting point for developing a vernacular architecture. The ever-rising cost of energy and growing awareness of ecological concerns point to a convergence of economic, technological, and cultural factors that should bring about designs that are much more sensitive to climate. Well-studied tax laws and building codes must play an important role in this process.

Each site, each country, each region should have its own architecture, its own architectural expression, its own style. Thus enunciated this statement seems obvious and indeed is accepted worldwide. It is supposed that the history and cultural, handicraft, and esthetic traditions of each country would give rise to its own distinct style almost automatically. This has not happened in the real world, with isolated exceptions usually involving homes and smaller buildings.

subtropicales y templados, es para todos los efectos prácticos, inaplicable a un clima tropical húmedo como es el Panameño. El sol se encuentra casi tantos días del lado norte como del lado sur, y durante la mayor parte del día está muy, pero muy alto. Esto tiene profundos efectos sobre el diseño. No hay casi diferencia entre las cuatro orientaciones, pues cada una está expuesta a la misma condición solar durante un número plural de días. Lo que se requiere son quebrasoles movibles y vidrios de transparencia variable. Lo segundo aún no está en el mercado de modo comercial a precios razonables. Lo primero resulta incosteable en una economía todavía en desarrollo en que los usuarios aún no entienden el gran ahorro a largo plazo que resulta de un incremento significativo en el costo inicial. Es una tarea de educación que los arquitectos del trópico tienen por delante.

El clima debiera ser el punto de partida para lograr una arquitectura "del lugar". El creciente costo de la energía y la siempre mayor concientización ecológica apuntan a una convergencia de los factores económicos, tecnológicos y culturales que harán posible diseños mucho más sensitivos al clima. En ese proceso, les toca un importante papel de estímulo a las bien ponderadas leyes fiscales y reglamentos de construcción.

Cada lugar, cada país, cada región, debería tener su propia arquitectura, su propia expresión arquitectónica, su propio estilo. Enunciado así, escuetamente, es un planteamiento

Construction methods are the same worldwide. There is no tradition of multi-story construction, nor are there historic precedents for numerous post-industrial building types.

It is not necessary here to delve into the many facets of these issues. What is essential is to recognize that good architecture has always resulted from the use of the best available construction technique of its time, though this is not an automatic cause–effect relationship. It is a prerequisite, however. I have no doubt that only by making use of the best available resources and techniques is good architecture achievable. To crown a forty-story building with a clay tile roof, or a Greek temple, or to apply pediments every seventh floor does not make the architecture indigenous, nor refined; it simply turns it into a caricature; a caricature reflecting a passing fad.

Certainly, all architects, this one no less, are people of their times; we are influenced by what we see, what we read, what we experience. One evolves. But while evolving I have always tried to keep in mind the requirements of good design: functionality, balance between the above-mentioned poles, and an architectural expression appropriate to its time, place, and purpose.

I have always been opposed to the absence of the expression of function inherent in the original modernist idiom. The same mold serves as well for an apartment building as for a government office building, a hospital, or a college. To my mind, a design cannot be good if upon glimpsing it for the first time

que luce tan obvio que es mundialmente aceptado. Presumiblemente, la historia y las tradiciones culturales, artesanales y estéticas de cada país darán lugar a ese estilo propio de manera casi automática. Pero no ha resultado así en el mundo real salvo quizás en el ámbito de edificaciones pequeñas, residenciales la mayoría de ellas.

Los métodos de construcción son idénticos globalmente. No existe una larga tradición de obras de múltiples pisos, ni precedentes históricos para un sin número de tipologías del mundo post-industrial.

No es del caso entrar en las muchas facetas de esta problemática. Lo esencial es reconocer que la buena arquitectura siempre ha sido el resultado de la utilización de la mejor técnica constructiva desarrollada al momento, aunque ciertamente no se trata de una relación causa-efecto que es automática. No tengo dudas, sin embargo, que sólo a través del uso de los mejores recursos y técnicas disponibles se logra buena arquitectura. El coronar un edificio de cuarenta pisos con un techo de tejas o con un templete griego, o adornarlo con frontones aplicados cada siete pisos, no lo hacen ni autóctono ni refinado, lo vuelven una caricatura; una caricatura reflejo de una moda efímera.

Desde luego que todos los arquitectos, y el que escribe no menos que los demás, somos gente de "nuestros tiempos"; estamos influenciados por lo que vemos, lo que leemos y lo que vivimos. Se evoluciona. Pero al evolucionar siempre he

## 23
**Richard** Holzer

11. Riande Continental Hotel. Detail
11. Hotel Riande Continental. Detalle

12. Credicorp Bank Building
12. Edificio Credicorp Bank

one cannot sense the type of activity it houses. This is simply another side of the honesty that needs to characterize our work and to which I referred earlier. Furthermore, it is the way in which architects can make our environment a bit more understandable and less chaotic.

And yet there is an additional but indispensable requirement to achieving good architecture: that it make sense financially. In our market-driven and globalized world, things that make no economic sense don't get built; in other words, they can fulfill no function. The skill of the architect in our world consists of creating good architecture in spite of the economic parameters. Not in spite of the client. A good client is a catalyst of good design.

This said, it must be accepted that good architecture does cost something; but except for those rare cases that occasionally fall to some—very few—architects, good architecture cannot and should not be extravagant. The esthetic, the use of materials or details that are more expensive than the minimum should be

tratado de mantener el norte del buen diseño: la funcionalidad, el balance entre los dos polos mencionados, y la expresión arquitectónica apropiada a su tiempo, lugar y propósito.

Siempre me opuse a la ausencia de expresión de la función inherente a la solución arquitectónica modernista. El mismo patrón servía igual para un edificio de apartamentos como para un ministerio, para un hospital igual que para una universidad. A mi juicio, un diseño no puede ser bueno si al mirarlo por primera vez no se puede intuir la actividad que se desarrolla en su interior. Pienso que es una faceta de la honradez que debe caracterizar la arquitectura y a la que ya hice alusión. Y es algo más: es la forma en que los arquitectos podemos contribuir a que nuestro entorno sea un poco más comprensible, un poco menos caótico.

Aún hay otro requisito que pienso es indispensable para lograr buena arquitectura: que lo proyectado haga sentido económico. En el mundo mercantilista y globalizado en que vivimos, las cosas que no hacen sentido económico no se construyen, es decir no pueden cumplir ninguna función. El arte del arquitecto en nuestro mundo es hacer buena arquitectura a pesar de los parámetros económicos. No, a pesar del cliente; el buen cliente es catalizador del buen diseño.

Dicho lo anterior, hay que aceptar que buena arquitectura sí cuesta algo; pero salvo aquellos raros casos que se le presentan a algunos—muy pocos—arquitectos de vez en

understood as part of the functional requirements and thus an integral part of the successful project, and should not and need not destroy its financial feasibility.

There is yet one more factor that should be understood as an essential requirement for good architecture: the integration of the design with its surroundings. Rural constructions aside, design must always be seen as one more element, one more piece of the city in which, into which, it is being built. In the countryside the options are different: to try to blend into the surroundings, or to accentuate the man-made in contrast to nature. I have always leaned toward the latter.

Over the years, I have had the opportunity to evolve, refine, and apply these convictions. I applied them almost from the very first of my designs: the Cía. Internacional de Seguros headquarters (page 9). I took care to design a project that in size, form and details would harmonize with its neighborhood and contribute to the three-dimensional shaping of the 5th of May Plaza, today's preferred venue for mass rallies.

I have always considered context with great respect. As much as possible I tried to avoid island buildings, insulated from the street, from the person on foot. Although at times I have been involved in rather large projects located almost in their own surroundings (such as whole city blocks), I have always tried to integrate them into the texture of the city, into its patterns of human and

cuando, buena arquitectura ni puede ni debe ser una una extravagancia. El factor estético, el uso de detalles y materiales de costos mayores que los mínimos debe entenderse como parte de lo requerido para la función y por ende como parte esencial del proyecto exitoso y no debe ni tiene por qué dar al traste con su factibilidad económica.

Y todavía hay otro factor que debe entenderse como requisito esencial de buena arquitectura: la integración del diseño con el entorno. Dejando de lado el caso de construcciones rurales, el diseño debe considerarse siempre como un elemento más, una pieza más, de la ciudad en que se construye. En el diseño en el campo, las opciones son otras: tratar de mimetizar el entorno o acentuar lo hecho por el hombre como cosa que contrasta con la naturaleza. Siempre me he inclinado por lo último.

Tuve la oportunidad de evolucionar, refinar y aplicar estas convicciones a través de los años. Las apliqué desde casi el primero de mis diseños: la sede de la Cía. Internacional de Seguros (página 9). Me preocupé por diseñar un proyecto que en su tamaño, forma y detalles armonizara con su vecindario y procure la creación tridimensional de la Plaza 5 de Mayo, hoy sitio preferido para manifestaciones masivas.

Siempre he tenido mucho respeto por el entorno y el contexto. He tratado de evitar, en lo posible, los edificios isla, herméticos a la calle, al peatón. Aunque en algunos casos se ha tratado de edificaciones relativamente grandes

13. Banco Union building (today HSBC)　　14. DiLido building　　15. Avesa building　　16. USIBank building
13. Torre Banco Unión (hoy en día HSBC)　14. Edificio DiLido　　15. Edificio Avesa　　16. Edificio USI Bank

automobile circulation, and into the esthetics of its surroundings (Credicorp Bank Building[12]).

Over the years the shapes with which I have worked have evolved. I found greater freedom while simultaneously trying to maintain greater discipline in my work. The angular shapes of my early career have morphed into more defined volumes (Banco Unión[13]) and the effort to find shape and texture through structure (DiLido building[14]) was transformed into buildings in which structure is an intrinsic part of the architecture (San Antonio church[4], AVESA building[15], USI Bank building[16]).

The use of optical devices has also often been an intrinsic part of the design. Due to the incipient national economy, the office buildings I designed, though sometimes the biggest of their time, nevertheless needed all the optical resources I could muster in order to makes them appear larger and higher that they really were (USI Bank building[16], Banco Union building[13], Credicorp Bank building[12]).

en propiedades casi de su propio dominio (cuadras enteras, etc.) siempre me he esforzado por integrarlos a la trama de la ciudad, a las vías de circulación peatonal y vehicular, y la estética del entorno (Edificio Credicorp Bank[12]).

A través de los años, las formas con que he trabajado han ido evolucio-nando. He encontrado mayor soltura y, a la vez, tratado de mantener una mayor disciplina en el diseño. Las formas angulares de los inicios de mi carrera se fueron transformando en volúmenes más definidos (Banco Unión[13]) y el esfuerzo por lograr forma y textura a través de la estructura (Edificio DiLido[14]) se fue refinando en edificios en que la estructura es parte intrínseca de la arquitectura (Iglesia San Antonio[4], Edificio AVESA[15], Edificio USIBank[16]).

El uso de efectos ópticos muchas veces ha sido parte intrínseca del diseño. Por lo incipiente del desarrollo nacional los edificios de oficinas que hube de diseñar, aunque muchas veces las mayores del momento, no obstante requerían el uso de todos los recursos ópticos

I used my increasing ease with three-dimensional forms to create important effects in the design of the Torres de las Americas[17] project, a complex of three buildings, two of which rise to only 21 floors, in order to achieve an architectural expression appropriate to today's technology while bolstering the limited height of the towers and giving the complex a sense of dynamic energy. There, rather than using shapes resulting from the vertical extrusion of horizontal curves, vertical curves give height and dynamism to buildings that, measured by local and international standards, are not very high at all.

The type of building in which the handling of light and dark and especially of shapes and proportions, of optical and psychological effects, becomes preeminent is in buildings for worship. That is where the architect must face the core challenge of his craft: the creation of a space that not only accommodates all the physical requirements of ritual but one that creates an atmosphere conducive to spirituality. It has been my good fortune to be charged with the design of several churches and synagogues[4,18,19]. There is no common formula for such spaces since the denominations differ in their needs,

para hacerlos parecer mayores y más altos de lo que realmente eran (Edificio Usibank[16], Banco Unión[13], Plaza Credicorp Bank[12]).

Pude aplicar esa mayor soltura en el uso de formas plásticas para lograr efectos importantes en el diseño de las Torres de las Américas[17], conjunto de tres edificios, dos de los cuales apenas tienen 21 pisos, con miras a lograr una expresión propia de la tecnología actual, reforzar la poca altura de las torres e imprimir un espíritu dinámico al conjunto.

Allí, superando las formas que resultan de la extrusión de curvas en planta recurrí a las curvas verticales para dar altura y dinamismo a un conjunto de edificios que, medidos a escala local y global, realmente no son muy altos.

Pero la tipología en que el manejo de luz y sombra y sobre todo de formas y proporciones, de efectos ópticos y psicológicos se torna dominante es en edificios para el culto religioso. Allí es donde el arquitecto se enfrenta al reto más profundo de su oficio: la creación de un espacio que no sólo cumpla con las necesidades físicas del culto sino que plasme el ambiente propicio a la espiritualidad. Tuve la suerte de tener a mi cargo el diseño de varias iglesias y sinagogas[4,18,19]. No hay fórmula común para tales espacios, puesto que los diversos cultos difieren en sus usos, costumbres y posturas religiosas. En algunas son los elementos tradicionales los que tienen que predominar y

17. Tower of the Americas. First draft
17. Torre de las Américas. Anteproyecto

18. Shevet Ahim synagogue
18. Sinagoga Shevet Ahim

3. Abadi Building
3. Edificio Abadi

19. Kol Shearith synagogue
19. Sinagoga Kol Shearith

customs, and religious positions. In some, it is the traditional elements that must predominate, and that in and of themselves carry an important emotional charge. In others the designer has more freedom and is at liberty to create forms, lights, colors, and textures that together work to create a sense of divine proximity. The commentaries of visitors to some such projects of mine, declaring that they have experienced this sensation—in some cases not even being of the same religion—are the sublime sparkles that amply reward all the efforts, stress and frustrations that are part and parcel of this profession of architecture.

I have no doubt that one of the challenges that confronts us is the greater freedom that today's technology gives us to model a building in three dimensions, to treat the architectural project as if it were only a sculpture. These are new resources that we need to explore and exploit. But, and this is a crucial but, such manipulation should not be arbitrary and independent of the functional requirements, or simply an arbitrary cover flung over

que de por sí son portadores de un importante bagaje emocional. En otras, el diseñador tiene más libertad y puede crear formas, luces, colores y texturas que en su conjunto logran inducir la sensación de proximidad divina. Los comentarios de visitantes a algunas de mis obras indicando que han experimentado esa sensación—en algunos casos sin siquiera ser de la religión del caso—son los destellos sublimes que recompensan con creces todos los esfuerzos y angustias inherentes a este oficio de arquitectura.

No tengo dudas que uno de los retos que tenemos por delante es la mayor libertad que nos da la tecnología para modelar el edificio en tres dimensiones, de tratar, en cierta manera, de manejar la obra arquitectónica como una escultura. Son recursos que debemos explorar y utilizar. Pero, y es un pero crucial, tal manejo nunca debe ser antojadizo e independiente de los requisitos funcionales, o simplemente una cobija arbitraria colocada sobre los volúmenes requeridos. Eso es tentador y relativamente fácil pero es en cierto sentido falto de honradez pues crea falsas

**Richard** Holzer

Pacific Point synagogue
Sinagoga Punta Pacífica

L.M. residence
Residencia L.M.

the required volumes. That is tempting and relatively facile, but in a certain way dishonest because it raises false expectations. I remember my disappointment when visiting the Sydney Opera House I found little echo of the exterior in the interior. Admirable and justifiably iconic as that building is, I believe this is its weakest point. (One wonders how this would have turned out had the interiors also been done by Utzon). More convincing, in that sense, are Le Curbusier's chapel at Ronchamp, or Dulles Airport—the creation of the main member of the jury that selected Utzon's design, Eero Saarinen—not to mention the latter's TWA terminal in New York.

Ever more frequently we see architects take as their main goal the creation of the building as image. Perhaps this is but the result of the image bombardment saturating the contemporary environment, transferred to architecture. Certainly image is one of the intrinsic and often essential properties of the architectural creation and more than once I have found myself searching for the precisely appropriate image. But the pursuit of image should

expectativas en el usuario. Recuerdo mi decepción al visitar la opera de Sydney y no encontrar mayor eco del exterior en su interior. Con todo lo justificadamente admirable e icónico de esa obra, creo que ese es su aspecto más débil. Quien sabe como habría quedado si los interiores también hubiesen sido obra de Utzon. Mucho más convincentes en ese sentido son la capilla de Ronchamp de Le Corbusier, o el aeropuerto Dulles, obra del miembro principal del jurado que escogió a Utzon, Eero Saarinen, por no mencionar la terminal de la TWA de este último.

Cada vez con mayor frecuencia vemos arquitectos tomar como su meta central la creación del edificio como imagen. Quizás se trate del bombardeo de imágenes que satura el ambiente contemporáneo trasladado al campo de la arquitectura. Ciertamente la imagen es una de las propiedades intrínsecas y muchas veces esenciales de la obra arquitectónica y no pocas veces me ha tocado tratar de encontrar la imagen justa. Pero este afán de imagen jamás debe pesar tanto que en su búsqueda se sacrifiquen otras propiedades igualmente deseables, por no decir esenciales. El momento de creación arquitectónica es aquel en que el diseñador resuelve en un mismo instante todos los

never become so overpowering a desire that it leads to the sacrifice of other equally desirable, even essential properties. The moment of architectural creation is the instant in which the designer resolves at one stroke all matters of function, esthetics, economics, plastics, of expression, and of environment. The better a design simultaneously solves all the various design goals, neglecting none, the better the resulting architecture will be. The building is sculpture but it must also function well to be architecture.

Since an ever-greater part of humanity lives in urban environments and these are but the spaces formed by the buildings we architects create, it is incumbent on us to remember that "city" is derived from "civitas", the same root from which comes civil and civilization. It follows that our task is to create an environment conducive to civilized life. This implies respect for the adjacent buildings, for the existing, for the context; and it also implies the injunction to not disorient the passerby with enigmatic works or, even worse, with structures that are neither what they seem to be, nor appear to be of their time.

Since the urban environment is inherently ever more chaotic, it is our task to find a reasonable equilibrium between the bland and the stimulating, the novel and the familiar, the contemporary and the temporary. There are those who believe that architecture should be a reflection of our world. This applies the rules of other arts to architecture, a serious mistake. A painting can be observed when and for as long as one wishes. Music

aspectos funcionales, estéticos, económicos, plásticos, de expresión y de entorno. Cuanto mejor satisfaga a la vez todas las múltiples metas de su diseño, sin menoscabo de ninguna, mejor será la arquitectura resultante. El edificio es escultura, pero también debe funcionar bien para que sea arquitectura.

Dado que una creciente porción de la humanidad vive en entornos urbanos y estos no son sino los espacios formados por los edificios que creamos los arquitectos, nos incumbe recordar que ciudad viene de civitas, de la misma raíz que "civil" y "civilización". Por ende nos corresponde crear ese entorno conducente a la vida civilizada. Eso implica respeto al proyecto vecino, a lo existente, al contexto; implica no desorientar al transeúnte con obras enigmáticas o, peor aún, con obras que ni parecen lo que son, ni parecen de su época.

Ya que el ambiente urbano es de por sí cada vez más caótico, nos corresponde encontrar un equilibrio razonable entre lo blando y lo estimulante, lo novedoso y lo familiar, lo contemporáneo y la moda efímera. Hay quien piensa que la arquitectura debe reflejar nuestro mundo. Eso es aplicar las reglas de otras artes a la arquitectura; grave error. Una pintura se observa cuando y por el tiempo que se desea. La pieza musical se escucha cuando se desea y por un tiempo relativamente breve. Para más de la mitad de la humanidad, sin embargo, las obras arquitectónicas constituyen el entorno permanente e ineludible. El arquitecto ya no

Electric power distribution center
Centro de despacho eléctrico

can be listened to when and only when so desired, and for a relatively limited time. That is why art serves to reflect reality or a particular reality as perceived by the artist. Architecture however is the constant, all-pervasive and inescapable environment of half of humanity. Today's architect doesn't build for the Medicis; he builds for all—and not just for the client who has commissioned the work.

Perhaps when we come to a profound understanding of the universe and our place in it we will be able to fashion a new architecture that will put us in greater harmony not only with nature but also with our man-made world. Some of the experiments in architecture may in time come to show the way.

In the meantime let us remember that architecture has attributes of art but its purpose is not to make life understandable, it is to

construye sólo para aquellos que le han encargado un proyecto: ya no construye para los Médici, construye para todos.

Es posible que cuando logremos una comprensión mejor del cosmos y de nuestro lugar en él, podamos diseñar una nueva arquitectura que dé por resultado una vida en armonía con las fuerzas del entorno natural y del entorno artificial, humano. Quizás, de los experimentos arquitectónicos que hoy ensayan algunos, surja el camino hacia esa nueva arquitectura.

Mientras tanto debemos recordar que si bien la arquitectura tiene algunos de los atributos del arte, su propósito no es hacernos comprender la vida, es hacerla mejor. En un

Pool for S.H. country residence
Piscina deCasa Campestre S.H.

make it better. In our world of continuous and ever-accelerating change the architect needs to remember not to contribute to chaos but to produce environments that promote sanity and constructive evolution.

To achieve these goals in spite of the fact that our edifices are generally the result of commercial forces or individual needs and desires is not an easy task. But this is the architect's task, and what a glorious task it is!

mundo de cambios continuos y vertiginosos nos corresponde recordar que no debemos contribuir al caos sino producir ambientes que promuevan sosiego y evolución constructiva.

Lograr tales metas, a pesar de que nuestras obras generalmente surgen a consecuencia de fuerzas mercantilistas o necesidades individuales, no es tarea fácil. Pero esa es la tarea del arquitecto y ¡qué tarea más gloriosa!

Selected Works
**Obras Selectas**

# International Insurance Co.
## Cía. Internacional de Seguros
1951–1953

This design for one of the first office buildings in the city is a response to two goals, one architectural, one urban: to respect and harmonize the new design with that of the existing neighboring hotel, at the time the most important one in town, and create a complex that would shape and visually complete the 5th of May Plaza.

The designs expand the existing volume, continuing the height of the existing structure by setting back the last floor of the new construction, which is one level higher than the existing and houses employee facilities. Other details reinforce the unity of the massing and the joint façade to the square without losing their respective identities.

Recently, and unhappily, someone decided to paint the Hotel Internacional yellow, thus destroying the unity that had endured for a great number of years.

Este diseño, de uno de los primeros edificios de oficinas en la ciudad, constituye la respuesta a dos metas: la arquitectónica y la urbanística y busca respetar y armonizar el diseño nuevo con el hotel adyacente, a la sazón el más importante de la ciudad y lograr un conjunto que dé forma y complete visualmente la Plaza 5 de Mayo.

El diseño extiende la volumetría de lo existente, continuando la altura del hotel, construido poco antes, en lo nuevo mediante el retiro del último piso de la nueva construcción que excede la anterior en un nivel, el cual se dedica a facilidades para los empleados. Otros detalles menores refuerzan la unidad de volúmenes y el frente conjunto hacia la plaza, sin por ello perder su identidad propia.

Lamentablemente hace poco el Hotel Internacional fue pintado de amarillo, destruyendo la unidad del conjunto

Fifth of May Plaza with International Insurance Co. headquarters. This and the adjacent building were until recently the same color: white.
Plaza Cinco de mayo con el edificio de la Cía. Internacional de Seguros. Este y el edificio adyacente eran hasta hace poco del mismo color: blanco.

## 36
**Richard** Holzer

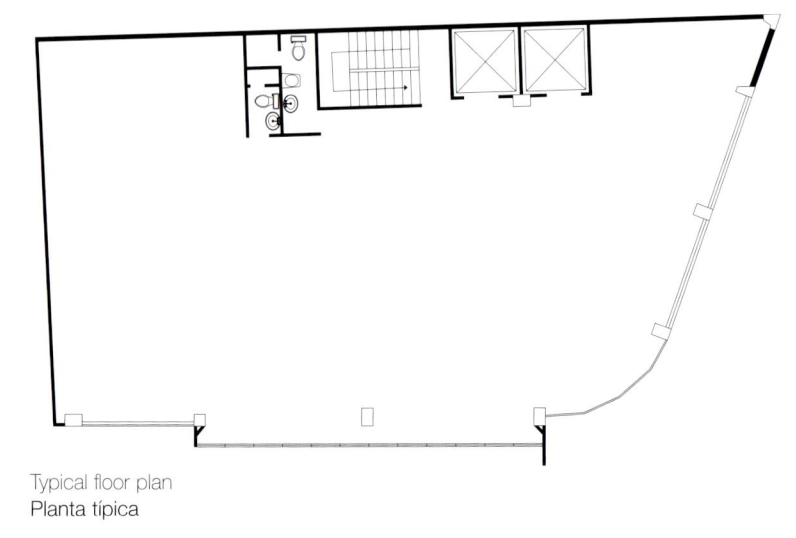

Typical floor plan
Planta típica

Since the construction of this building, considered rather important at the time but really of quite modest size, the triangular plaza that it faces has become the preferred site for mass political rallies.

A partir de la construcción de este edificio, considerado importante en su momento aunque realmente de dimensiones bastante modestas, la plaza triangular a que da su frente se ha constituido en el sitio preferido para manifestaciones políticas masivas.

# President Remón Racetrack
## Hipódromo Presidente Remón
1951–1954

This project was designed by Richard Holzer while he was still in the process of graduating and was working as a designer in the office of G. Schay, Architect, who in this case assumed the role of structural engineer.

Este proyecto, fue diseñado por RH cuando aún estaba en proceso de graduarse, en su capacidad de diseñador de la firma del Arq. Gustavo Schay, quien en este caso asumió su papel de ingeniero estructural.

Photocopy in white on black, typical of that time, of the original sketch by RH.
Foto-copia en blanco sobre negro, típica de la epoca, del cróquis original de RH.

The huge cantilevers were the result of this collaboration, the best solution at a time when there were not enough technological resources to attempt more daring structures, such as those being explored at the time by Torroja in Spain and Nervi in Italy.

Esto dio lugar a los enormes cantolibres, óptima solución en un período en que Panamá aún carecía de los recursos tecnológicos como para intentar soluciones estructurales tipo techos suspendidos y otros de avanzada, que a la sazón usaban los ingenieros Torroja en España y Nervi en Italia.

Site plan
Planta general

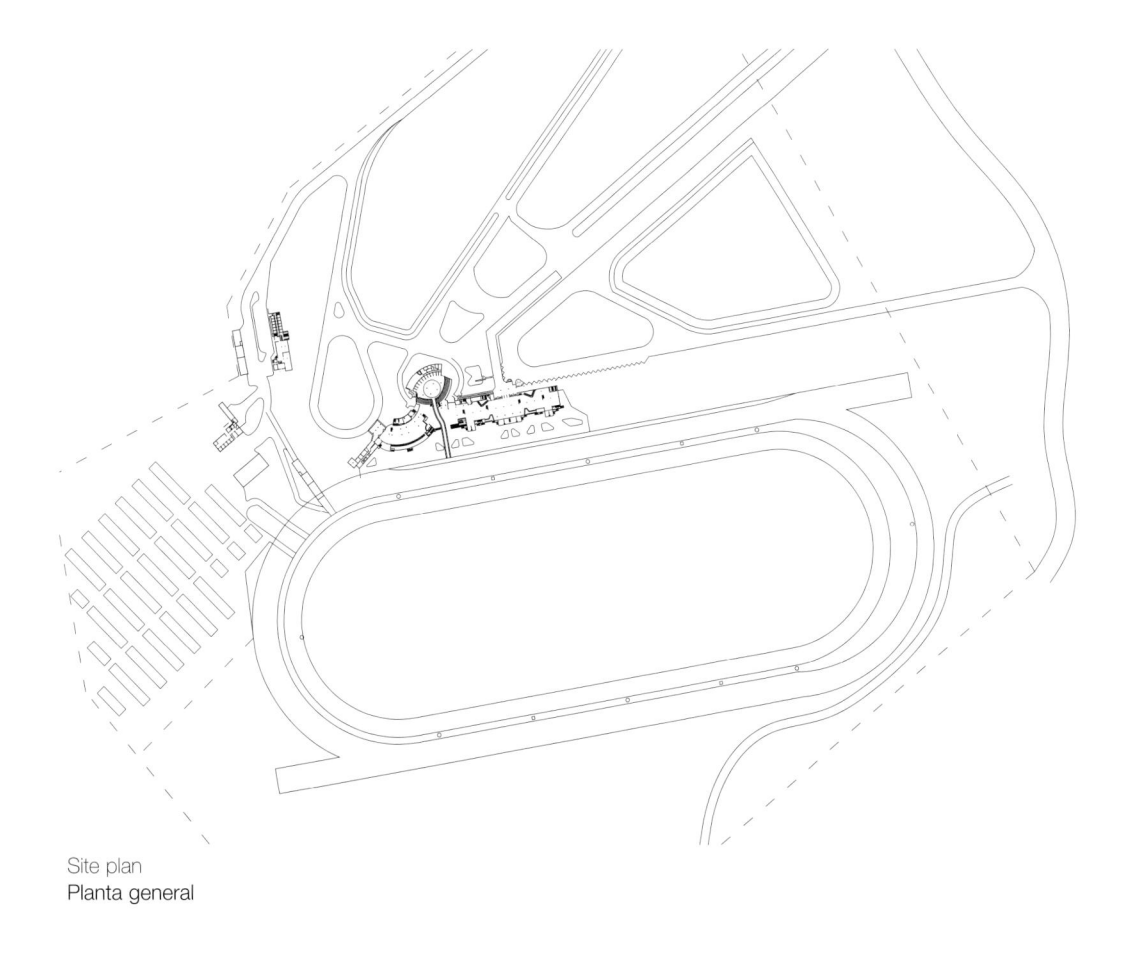

The ample layout of access roads, intended to allow for the easy growth of installations and parking areas was over the years swallowed up by additional structures such as a large covered sports arena. Nevertheless the complex continues to operate to this day.

El propósito de permitir el fácil creci-miento de las instalaciones y sobre-todo de los estacionamientos, que motivó el amplio trazado de las calles internas, con el correr de los años, fue absorbido por otras instalaciones deportivas como un gran gimnasio cubierto y otras. No obstante, el hipódromo sigue en uso continuo hasta la fecha.

# Ministries of Treasury and Health
## Ministerio de Hacienda y Tesoro y de Salud y Trabajo
1953–1956

In 1953 central air conditioning was still considered a novelty too expensive and luxurious for government buildings. The program thus required that these two ministry buildings function without it, despite the hot and humid tropical climate of Panama.

In response, the design facilitates cross-ventilation as much as possible, air movement being the only way to find relief from the heat. Thus the buildings are placed squarely across the prevailing wind direction and inclined concrete overhangs permit breezes, even during the heavy tropical downpours while offering protection from the sun. Exterior fixed louvers permit the passage of air, interrupted only by a continuous vision strip of clear glass; a continuous horizontal ledge is provided at the top of the inclined overhangs to facilitate window cleaning.

En 1953 las instalaciones de aire acondicionado mecánico aún eran una novedad que se consideraba excesivamente costosa y lujosa y por ello, el programa de este proyecto para la sede de dos ministerios exigía que deberían funcionar sin esa comodidad, a pesar del ambiente tropical húmedo panameño.

Como respuesta, se utiliza al máximo la ventilación cruzada, única manera de mitigar el calor mediante la colocación de los edificios en orientación perpendicular a la dirección de los vientos más frecuentes, y usando aleros inclinados que permitan mantener esa ventilación aun durante lluvias torrenciales y protejan al interior del sol tropical (Ver esquema) Se producen persianas fijas a lo largo del edificio en ambas fachadas, interrumpidas horizontalmente por una franja de visión de vidrio claro, para cuya limpieza se diseña una repisa corrida sobre los aleros inclinados. (Ver. esquema paredes exteriores)

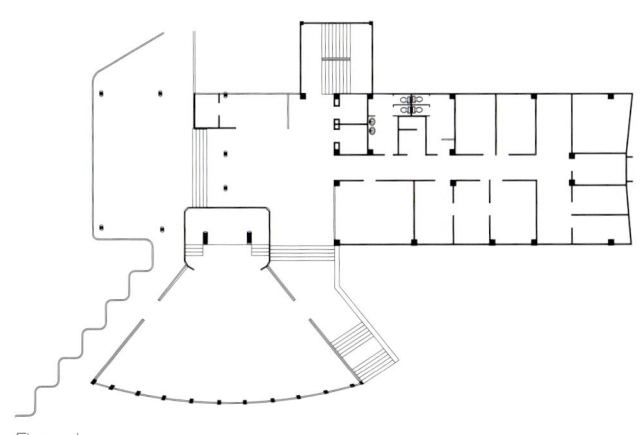

Floor plan
Planta general

Photo taken a half-century later, showing insensitive additions on top of the buildings
Foto tomada a medio siglo de haber sido construidos los edificios, mostrando las poco sensitivas adiciones encima

## 42
**Richard** Holzer

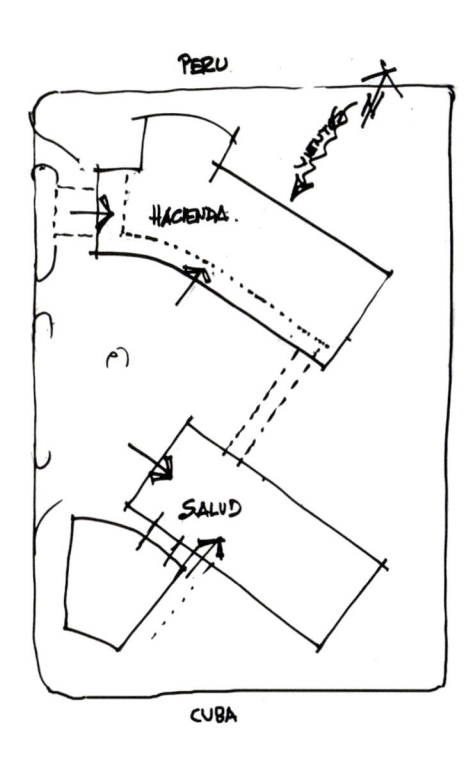

A glass and steel curtain wall, hand built for lack of more sophisticated resources, encloses the stair tower, a reference to the Bauhaus. A high-relief mural is incorporated over the entrance to one of the buildings while the other features a small auditorium in a tile-clad concrete shell.

Un muro cortina de acero, construido artesanalmente a falta de otros recursos, encierra la escalera – un eco del Bauhaus. Un alto relieve se incorpora a la arquitectura en la entrada de uno de los ministerios, en tanto que el otro se caracteriza por un pequeño auditorio revestido en azulejos.

## 44
**Richard** Holzer

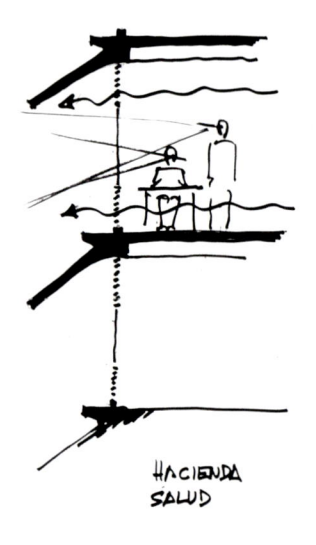

HACIENDA SALUD

The black and white images date from the 1950s and the color photos from 2005, a half century later. The aerial photo shows the placement of the buildings squarely against the breezes and diagonally against the urban grid, as well as the insensitive top-floor additions.

Las fotos en blanco y negro son de la época de la construcción, y las de color son del 2005, medio siglo después. En la foto aérea se aprecia la colocación de los edificios en forma perpendicular a los vientos y diagonal a la retícula urbana, así como unas poco estéticas adiciones sobre las azoteas.

# General Insurance Co.
## Cía. General de Seguros
1954

This project was the first attempt to design a truly modern office building in Panama, with central air conditioning throughout, albeit with all windows fully functional. The design follows the canons of the "classical" international style. The elevations are modulated by the divisions between the windows, which are made of locally manufactured glazed brick and chosen to facilitate partitioning of the interior spaces at any of these 4-foot modules which coincide with the ceiling modules.

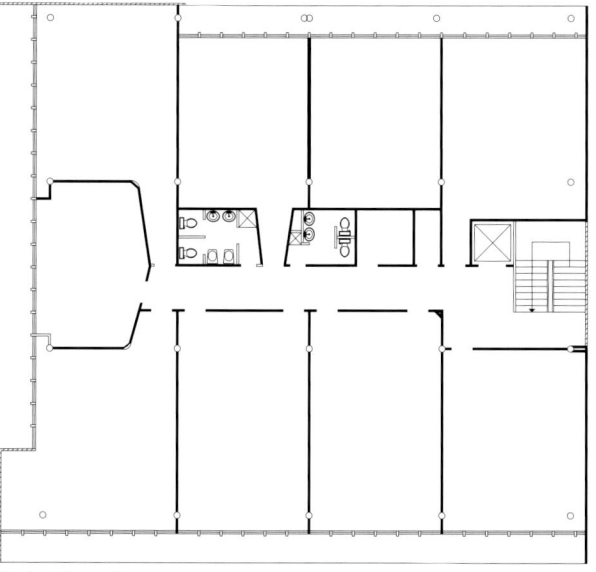

Este proyecto constituye el primer intento de diseñar un edificio de oficinas moderno en el país, basado en el empleo de sistemas centrales de aire acondicionado, aunque siempre con todas las ventanas funcionales. El diseño sigue el patrón clásico del estilo internacional. Su fachada es modulada por las divisiones entre ventanas, ejecutadas con ladrillos vidriados de producción local y escogidos para facilitar la subdivisión interna en cualquiera de estas divisiones con un módulo de 1,22m, coincidiendo con el módulo del cielorraso. La planta baja es totalmente cerrada con cristal, manteniendo el canon modernista que el diseño quiso respetar, quizás por última vez en la carrera del diseñador.

Typical floor plan
Planta típica

Richard Holzer

The blank signage wall (originally Cia. General de Seguros, now Banco General) was built from the same glazed brick as used in the window mullions. It was painted over at some point in the history of the building, exemplifying the usual disregard for esthetics or architectural design intentions that unfortunately is so prevalent. The relatively recent photo shows the building as enlarged by extending it toward the rear, continuing the original design.

La pared del rótulo (hoy Banco General, originalmente Cia. General De Seguros) construida de ladrillos vistos iguales a las divisiones entre ventanas, eventualmente fue pintada, expresión típica del frecuente irrespeto por lo estético y el diseño arquitectónico. La foto, de reciente data, muestra el edificio ampliado mediante una adición posterior que continúa el diseño original.

# Félix B. Maduro Department Store
## Almacén Félix B. Maduro
1956

This project introduced the "department store" paradigm to the country: several sales floors, large spans—in this case a column-free interior—closed outside walls so as not to interfere with efficient use of the interior nor the control of lighting (here luminous ceilings and spotlights), and vertical circulation supplemented by elevators and conveyors (the time for escalators had not yet come.) Small show windows on either side of the main entrance acknowledge the location on the city's main shopping street, and a small window, serving as a façade detail, provides natural light to the owner's office.

Este proyecto introdujo el paradigma "almacén por departamentos" al país: Varios pisos de ventas, grandes luces, en este caso eliminando todas las columnas interiores, paredes exteriores ciegas para no afectar el uso ni el control de la iluminación interior (cielos luminosos + reflectores) circulación vertical sobre la base de ascensores y correas sin fin para la mercancía (aún no había llegado el momento de pensar en escaleras eléctricas). Pequeñas vidrieras al lado de la entrada permiten reconocer la ubicación en la principal arteria comercial de la ciudad, y una pequeña ventana, a manera de detalle de fachada, en realidad ilumina la oficina privada del propietario.

## 48
**Richard** Holzer

The fact that the architect was called upon to design subsequent and ever larger stores for this chain is testament to the functionality of this first attempt at the genre, which he designed after having obtained his BA and before continuing on to postgraduate studies.

El haber sido llamado a diseñar subsiguientes almacenes de esta cadena, cada uno mayor que el anterior da testimonio de la funcionalidad de este primer intento, diseñado luego de graduado el arquitecto y antes de partir a sus estudios de postgrado.

# Holzer Residence
# **Residencia Holzer**
1958

The architect's first home was designed to an extremely tight budget and on a rigid model, articulating a structure made from 2- by 4-foot steel tubes supporting an almost flat double-sloped roof. The roof rafters are horizontal on the bottom and directly support the ceiling.

The exterior consists mostly of horizontally sliding wood and glass doors, facilitating the all-important movement of air. This also led to the diagonal placement of the house on the lot, perpendicular to the prevailing breezes, which in turn created a series of patios or gardens, formed by the house and fence, the latter originally bamboo. The entrance patio has a pool over which a concrete slab stepping stone pathway leads to the house proper.

Con un presupuesto estrecho, esta primera residencia del arquitecto fue diseñada con un riguroso sistema modular articulando una estructura de tubos de acero de 50 x 100 mm, con una viga tubular horizontal de 100 x 200 mm sosteniendo un techo plano de dos aguas. Los pares quedaban horizontales por debajo y servían como estructura del cielorraso.

El exterior consistía mayormente de paneles corredizos de vidrio y madera, permitiendo y promoviendo el paso del aire, fuente indispensable de comodidad en el trópico. Con esta misma finalidad se ubica la casa transversalmente en el terreno, en búsqueda de la dirección predominante del viento, dando por resultado una serie de patios-jardines formados por la casa y el muro-cerca, desarrollado

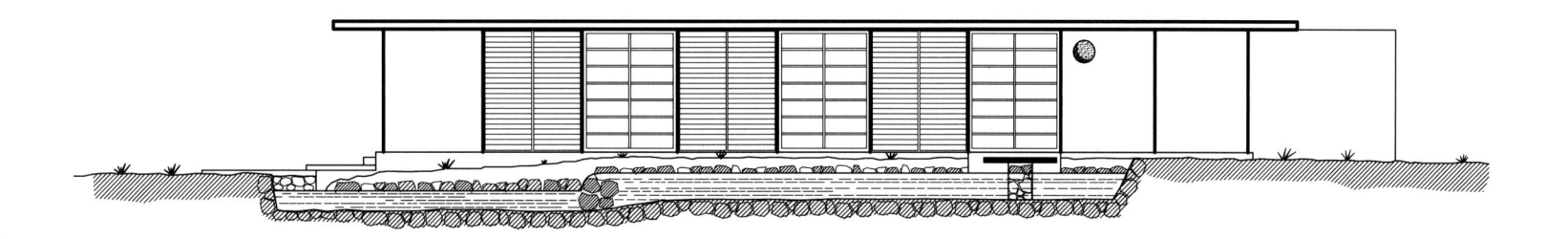

## 50
**Richard** Holzer

Original floor plan
Planta original

Fish and water lilies form the basis of the self-sustaining ecology of the pool. The design originated in functional and formal considerations but acquired a Japanese flavor that, though not originally intended, was eventually reinforced by details such as a brise soleil that focuses the view from inside the house over the garden and the pool, cutting off the sky and afternoon sun.

Over the years, as the family grew, several additions were constructed, including a pool and a studio for the architect, separate from the house and connected to it by the entrance bridge.

originalmente en bambú. El patio de entrada esta dotado de un estanque que requiere ser atravesado por un puente techado de lajas de hormigón para ingresar a la casa.

El sistema ecológico del estanque de flores y peces hace casi innecesario todo mantenimiento. Sin que haya sido intencional, el diseño, basado en consideraciones meramente funcionales y estéticas adquirió un sabor japonés el cual luego se refuerza con detalles tales como un brise soleil contra el sol de la tarde que dirige la vista al jardín más que al cielo.

Con los años, al crecer la familia se añadieron diversos elementos, incluso una piscina y un estudio para el arquitecto, segregado de la casa y conectado a ella por el puente del estanque.

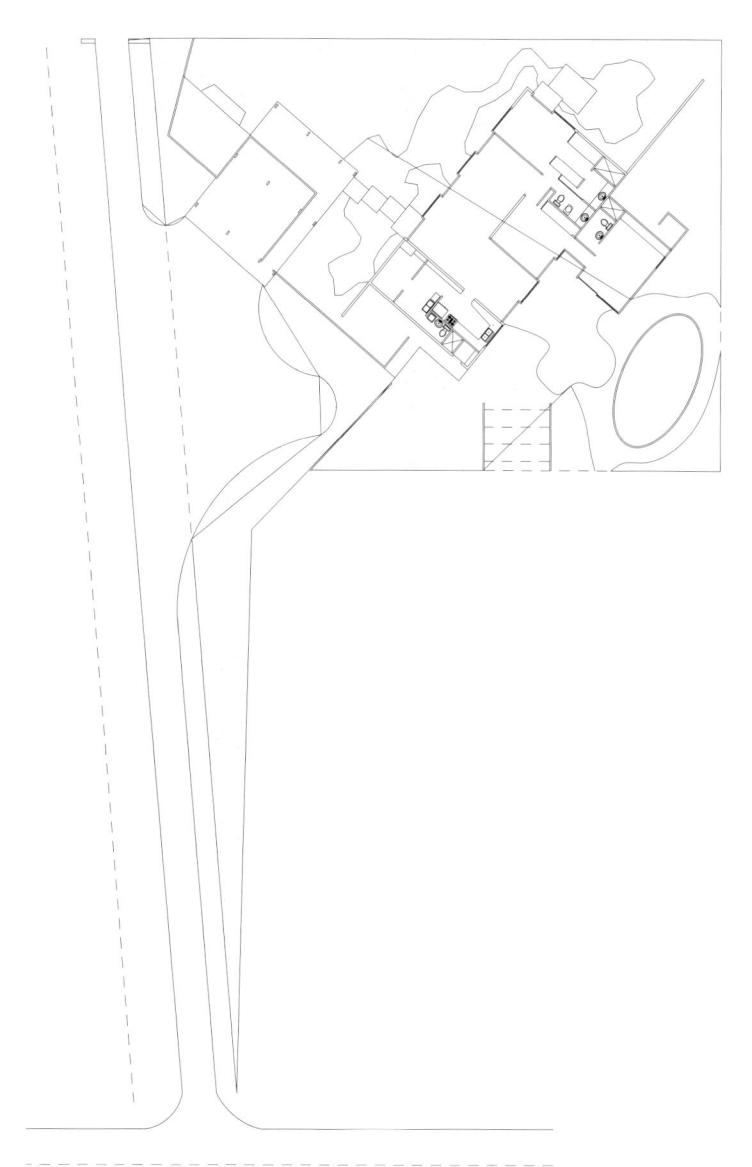

Floor plan after additions
Planta final luego de adiciones

## Arboix Building
**Edificio Arboix**

1959–1960

This design for an apartment house on a steep site in a residential area initiated the construction of modern high-rise apartment buildings in the city.

The design makes a virtue of its topography by placing the building not at the corner of the property but in the rear, at its highest point. In this manner all apartments, only one on each floor—an unheard of luxury at the time—are high above their surroundings and enjoy a spectacular view of the city and Panama Bay. The orientation of the building is not only toward the view but is optimal to catch the prevailing breezes.

The living area is placed at the point of the best view, toward which the floor plan is bent. The terrace extension of the living room, the spaces required for air conditioning equipment, and the break in the floor plan are united and accented by balconies and overhangs, which impart the project with a more informal and residential air than would have resulted from a traditional modernist rectangular block.

Sobre un lote de topografía violenta en una zona de viviendas unifamiliares se proyectó este edificio de apartamentos que dio inició en la ciudad a la construcción de edificios de apartamentos modernos.

El diseño convierte en virtud el "defecto" topográfico de la propiedad, colocando el edificio no en el sitio usual, la esquina de lote, sino atrás, en su parte más alta. De esta manera los apartamentos, apenas uno por cada piso, un lujo desconocido hasta ese momento, se desarrollan muy en alto por encima del vecindario y con una vista espectacular sobre la ciudad y hasta el litoral. La sala se coloca en el punto de mejor vista, hacía lo cual se tuerce la planta, la que también logra así una óptima orientación para captar los vientos predominantes. La terraza frente a la sala, la necesidad de proveer espacios para equipos de aire, y el quiebre de la planta se acentúan con la línea de balcones y aleros para dar a la plástica del proyecto una dimensión más humana de lo que habría resultado del tradicional monobloque modernista. Para utilizar plenamente la propiedad se colocó en su parte inferior, de manera

53

Richard Holzer

# Continental Hotel
# Hotel El Continental

(Today Riande Continental Hotel **Hoy Hotel Riande Continental**)

1960–1963

The challenge of this project was to fit a full 200-room hotel, complete with its infrastructure, lobbies, dining, and function rooms, social and meeting areas, swimming pool and terraces on a property of only 3,664 square meters (39,200 square feet) and on an equally tight budget.

While today a hotel that is not fully air conditioned would be inconceivable, in Panama in the early 1960s the desire was still to do without as much as possible. The "T" shape of the floor plan places most rooms perpendicular to the prevailing breezes and facing the Panama Bay view.

Este proyecto constituía un reto pues el programa requería un hotel de 200 habitaciones con sus respectivos comedores, salas de reuniones, vestíbulos, piscinas, terrazas e infraestructura en una propiedad de apenas 3.664 metros cuadrados, y un presupuesto igual de reducido.

Si bien hoy día no se concibe un hotel sin aire acondicionado total, a inicios de los ´60 en Panamá se trataba por todos los medios de minimizar esas instalaciones. La forma adoptada, una T, coloca a la mayoría de las habitaciones trasversales a la dirección predominante de las brisas y orientadas hacia la mejor vista, la que da a la bahía.

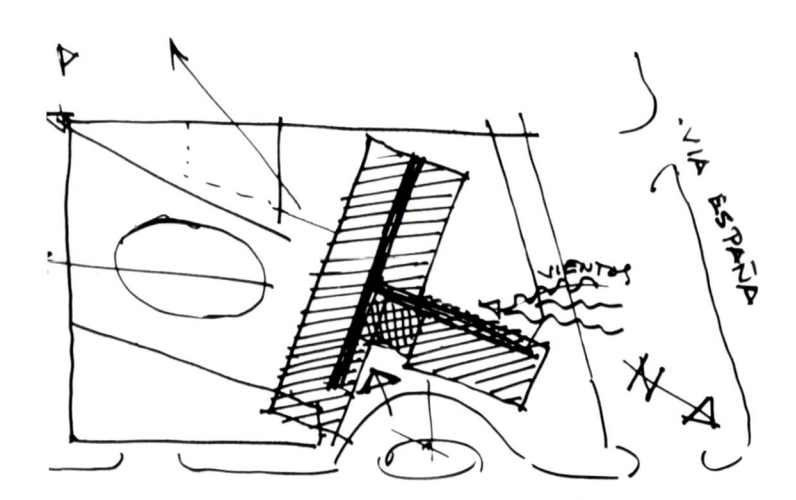

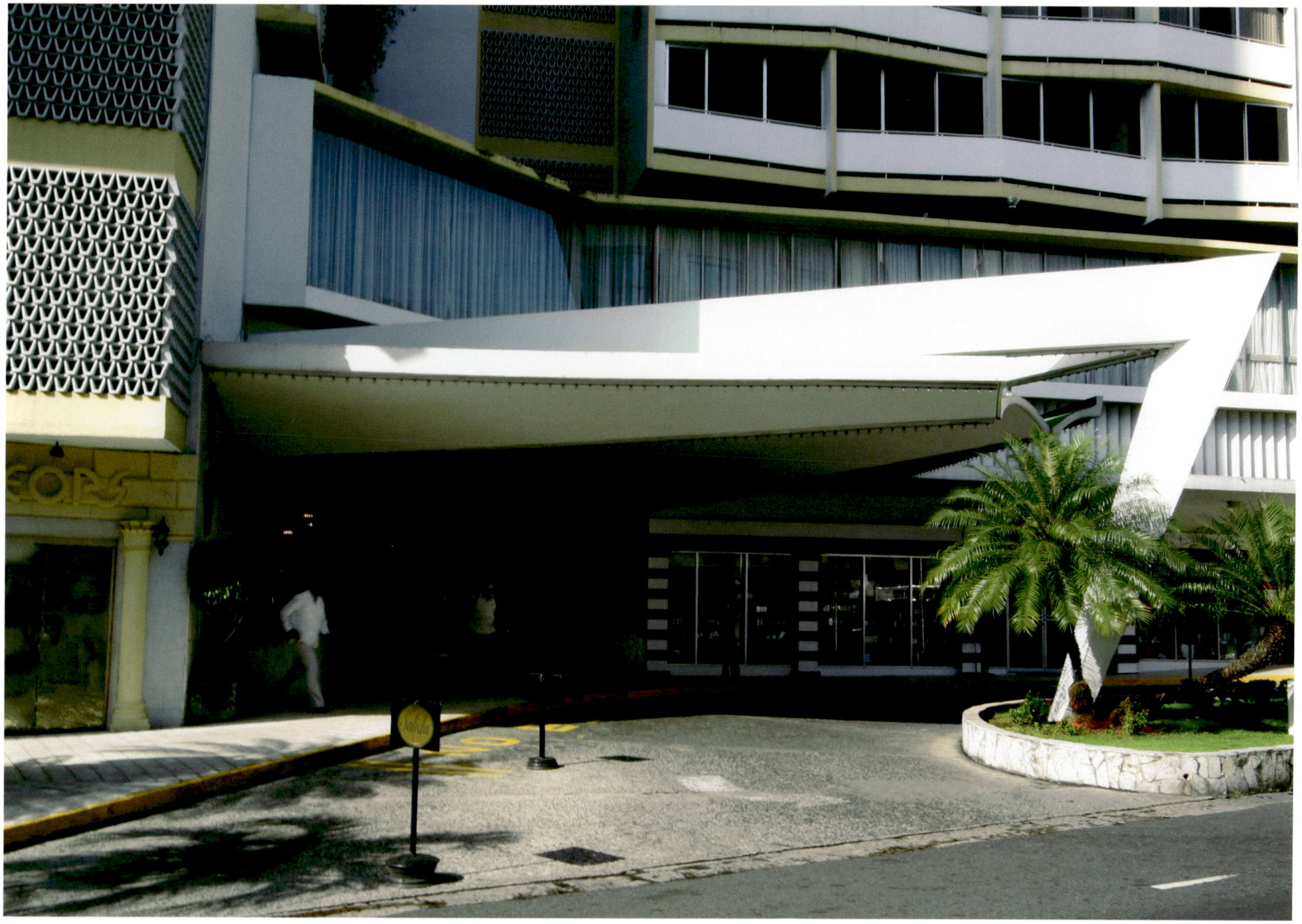

**Richard** Holzer

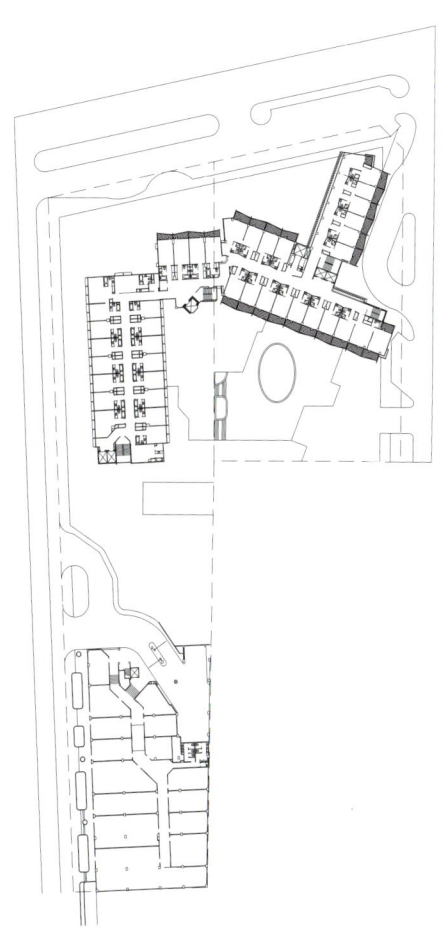

Final typical floor plan (2000)
Planta típica final (2000)

## Richard Holzer

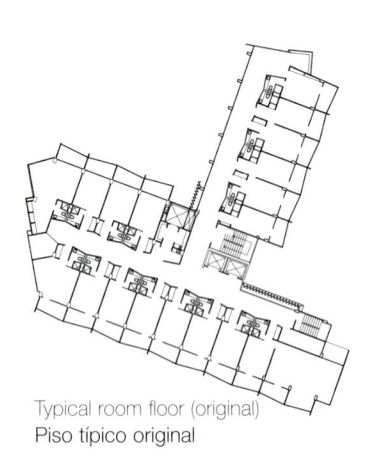

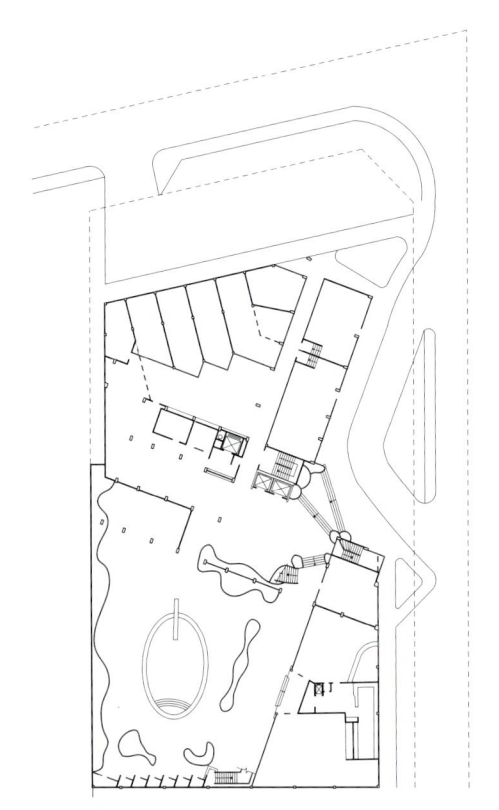

Typical room floor (original)
Piso típico original

Original ground floor plan
Planta baja original

The corridors are protected by fixed vertical prefabricated concrete blinds, placed to facilitate air flow; they are anchored in planters that receive any rain that might pass over the louvers and convert the entire elevation into a vertical garden. Each room has its own small balcony which acts as both terrace and brise soleil, and which is designed to impart a playful, woven texture to what would otherwise be a flat façade no different from that of any office building or hospital.

Los pasillos se protegen con persianas verticales de hormigón, orientadas para promover el paso del aire y ancladas en sendos maceteros que recogen la lluvia que pudiera pasar entre las paletas verticales, convirtiendo esa fachada en un jardín vertical. Cada habitación tiene un pequeño balcón que sirve a la vez como quebrasol y que es utilizado para dar una textura tejida y alegre a una fachada que de otra manera sería planta y rectangular, igual que cualquier edificio de oficinas u hospital.

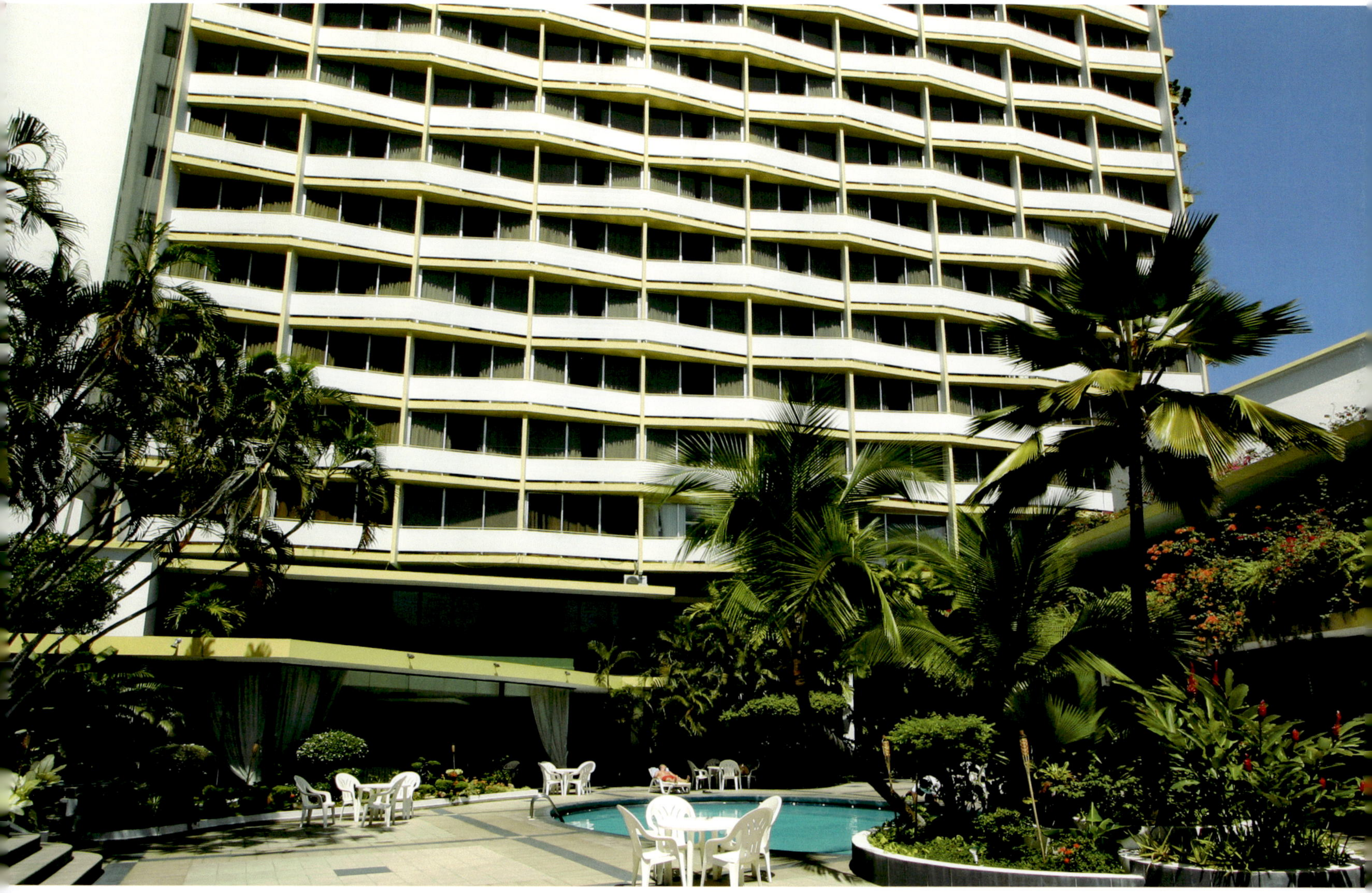

## Richard Holzer

Twenty-five years after its construction, the owners acquired the adjacent office building and the architect was asked to turn this newly created complex into one large hotel with more facilities and twice the number of rooms than the original. This was achieved by transforming the office building into a hotel, attaching it to the original building by means of a link building composed of hotel rooms, and interconnecting the various different levels, none coinciding, and adding a parking garage with ground-floor retail.

25 años después de construido este proyecto y con el fin de duplicar su tamaño se adquirió el edificio vecino y le tocó al mismo diseñador construir un edificio de unión, transformar el de oficinas en hotel e interconectar las diversas plantas y terrazas, ningunas de las cuales coincidían en sus niveles, además de agregar un edificio de garajes con locales en su planta baja.

# Shevet Ahim Synagogue
## Sinagoga Shevet Ahim
1962–1971–1987

The project was originally built as shown on the architect's sketch. The differences apparent in the photo are due to later additions, not all under the guidance of the architect.

Sitting atop a steep property, this Sephardic orthodox synagogue transforms and replaces an old home. Eleven years later the architect was called upon to expand the building, which was originally of quite modest size reflecting the limited means

Lo que originalmente se diseñó es lo que se construyó. Las diferencias entre proyecto y realidad son producto de modificaciones posteriores, no todas controladas por el arquitecto.

Trepada en una loma de un barrio residencial, esta sinagoga sefardí ortodoxa transforma y reemplaza una antigua casa. Once años después, al mismo arquitecto le tocó ampliar la

## Richard Holzer

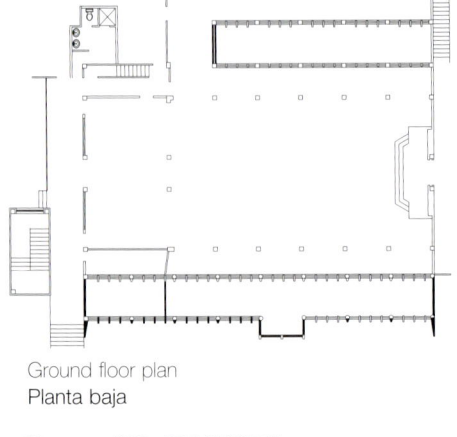

Ground floor plan
Planta baja

then available. Sixteen years later, in 1987, he was asked to further expand it. At this time the interior was redesigned, many interior columns were removed and most of the roof was replaced with a large cupola, at the base of which 12 stained glass windows allude to the 12 tribes of Israel. The floor plan shows the second stage of the project, the following image the final expansion.

sinagoga, originalmente de manera muy modesta y con recursos muy limitados. Otros dieciséis años más tarde, en 1987 nuevamente fue llamado RH a ampliarla aún más. En esa oportunidad elimina muchas columnas interiores y reemplaza la mayor parte del techo con una amplia cúpula en cuya base doce vitrales hacen alusión a las 12 tribus de Israel. La planta mostrada corresponde a la segunda etapa del proyecto.

LA CUPULA Y EL TECHO DONADOS POR SUS HIJOS
DE AHARON MIZRACHI Z'L
1986-5746
SHEVET SINAGOGA AHIM

EL TECHO DONADOS POR SUS HIJOS
MIZRACHI Z'L
1986-5746
EN MEMORIA DE MAX Y SARAH

# Grobman Building
## Edificio Grobman
1965

The pie-shaped site produces a floor plan that endeavors to expose the living area to the breezes while exploiting the view to the bay from this building, which towers over the surrounding homes.

The curve of the street gives rise to the shape of the building and is echoed by the design of the terrace railings.

Shortly after being constructed, the owners acquired the adjacent properties and two low complementary commercial buildings were designed on each of its sides. The building on the left housed the architect's firm for many years, hence the T-square shaped handle on the glass entrance door.

La forma de tajada de pastel de la propiedad da lugar a la planta que a la vez procura ventilación cruzada en el área social. Al construir este proyecto en un área de residencias de una y dos plantas, el edificio resultaba comparativamente muy alto y con vistas libres hacia la Bahía de Panamá.

La curva de la calle es explotada en la plástica del edificio y su expresión, reforzada con el diseño de la baranda del balcón del área social, una atalaya de 270 grados.

Pocos años después la empresa adquirió las parcelas adyacentes de cada lado y se diseñaron los dos pequeños edificios como complemento del original. La planta alta del edificio de la izquierda albergaba por muchos años las oficinas de la firma diseñadora. De allí el detalle del empujador de su puerta de entrada, en forma de regla T.

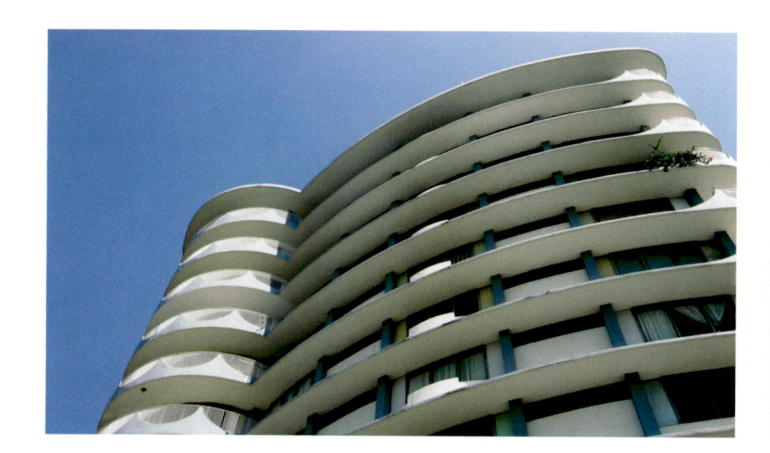

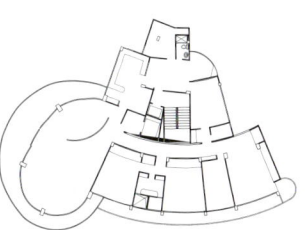

Typical floor plan
Planta típica

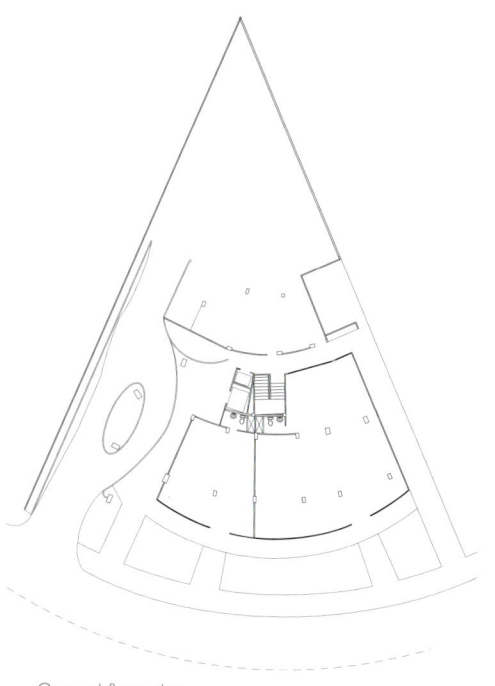

Ground floor plan
Planta baja

# Avesa Building
## Edificio Avesa
1965–1968

Designed to house the corporate offices of the local power company, the AVESA building continues to develop the concepts first explored in the Cia. General de Seguros building.

The modular divisions between the windows in this case are also the perimeter structure of the building, and rest on a transfer beam that carries the loads down through just a few columns that do not interfere with the commercial use of the ground floor. This street-level floor, which is set back from the column line for a clearer articulation of volumes and to produce a protected passage, is a horizontal block, the top of which is used as a parking deck.

The slight break in the floor plan reflects the curve of the street and is exploited in the central corridor that widens toward the elevator core.

The fenestration consists of fixed tinted glass set behind opaque glass louvers, which are adjustable by the occupants in accordance with variations in sun and light. For better protection, the windows are set on a slight slant, with the upper portion

Este edificio, diseñado para albergar las oficinas de la empresa eléctrica, continúa el desarrollo de los conceptos ensayados en el edificio de la Cía. General de Seguros.

Las divisiones modulares de las ventanas en este caso son a la vez la estructura perimetral del edificio, estructura que descansa sobre una viga de transferencia que lleva las reacciones a unas cuantas columnas que no interfieren con el uso comercial de la planta baja. Esta, retirada de la línea de las columnas para producir un pasaje cubierto del sol y la lluvia, constituye un bloque horizontal claramente definido, usado en su parte superior para estacionamientos, acentuando la articulación tridimensional.

La planta refleja en su quiebre la curva suave de la calle, lo cual a su vez se aprovecha en la variación del ancho del pasillo central.

La fenestración consta de un elemento de vidrio antisolar detrás de persianas horizontales de vidrio opaco que pueden ajustarse a gusto del usuario y conforme la insolación del momento. Para lograr una mejor protección,

AVESA — ESTRUCTURA/FACHADA

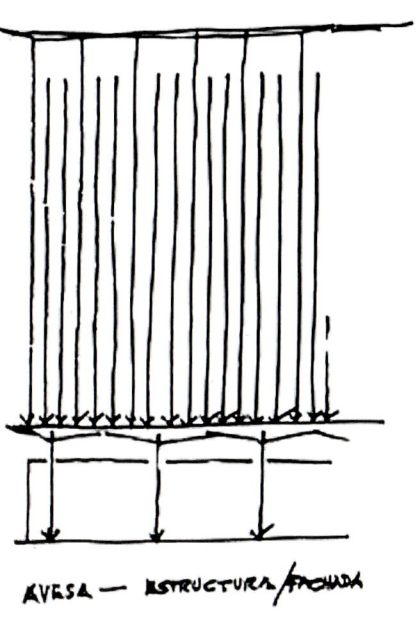

Cross section
Corte transversal

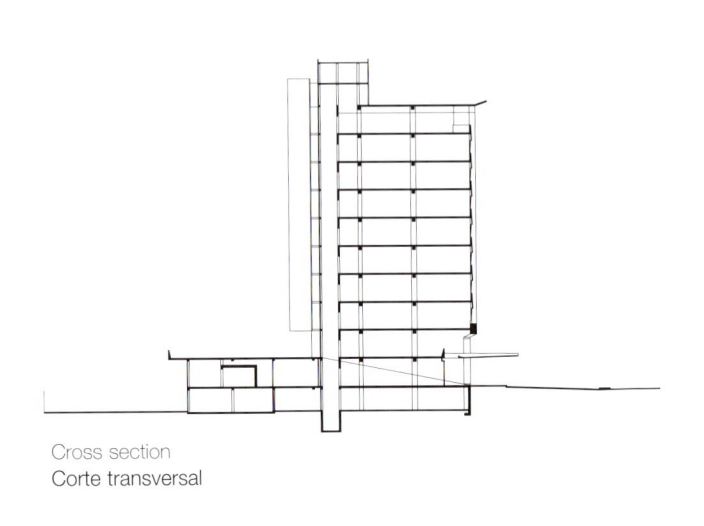

protruding further than the lower, and the spandrel reverse inclined producing a slightly zigzagging line against the concrete ribs (columns) of the façade.

The last floor, with its executive offices, is set back, permitting floor-to-ceiling sliding glass doors opening to a terrace. A wide overhanging roof protects the setback and terminates the building.

las ventanas se colocan ligeramente inclinadas, con su parte superior proyectada y los antepechos inclinados de manera contraria, produciendo un movimiento ligeramente zigzagueante en las intersecciones con las costillas (= columnas) verticales de la fachada.

El último piso, que alberga las ofi-cinas ejecutivas, las retira de las fachadas dándoles una terraza y liberando su perímetro para el uso de grandes ventanales y puertas corredizas de cristal. De esta manera, se acentúa el amplio techo que remata y protege al edificio y las terrazas del piso ejecutivo.

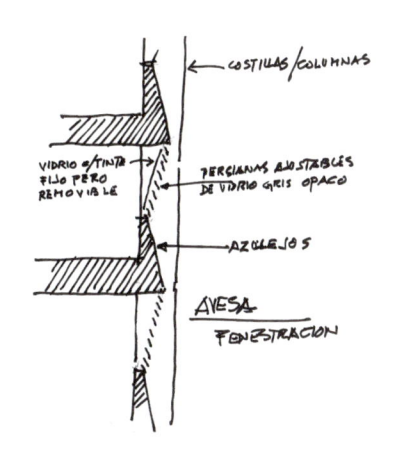

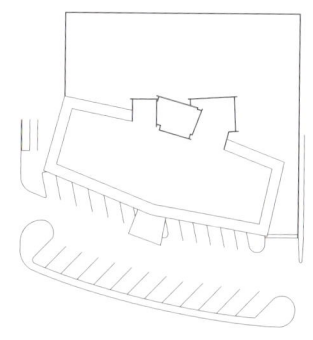

Roof plan
Planta azotea

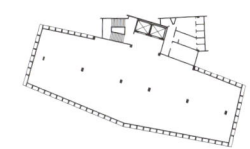

9th floor plan
9 Piso

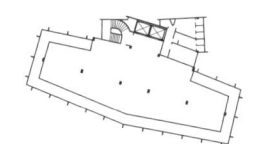

Typical floor plan
Planta típica

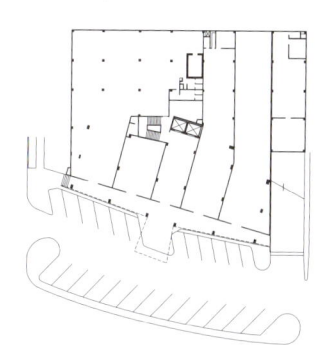

Ground floor plan
Planta baja

# L.M. Residence
## Residencia L.M.
1966

In a residential subdivision characterized by large lots, this home's simple floor plan is the result of its focus toward the ample garden and its swimming pool.

The architect's guiding concept in designing homes has always been to use most, if not all, of the property as living space with the residence proper merely the roofed-over portion. Where for other reasons it is not practical to enclose the entire property with fence-walls, at least the part of the property on the sides and in the rear of the house are made part of the private living space. In this case, a generous covered terrace runs along most of the rear of the home. Together with the walled-in garden, it becomes the great living room of the house, with the actual living room and its terrace the only roofed-over portion of it. A curved ornamental screen wall hides the carport.

Ubicada en un barrio residencial de solares amplios, esta vivienda se desarrolla a partir de una planta sencilla orientada hacia el amplio jardín con su piscina.

El conceptoguía del diseñador en sus residencias siempre ha sido el considerar la mayor parte posible de la propiedad como el área de la vivienda, con la casa propiamente dicha sólo la parte techada de ésta. Donde, por otras consideraciones, no es razonable amurallar toda la propiedad, al menos la parte de ésta a los costados y posterior a la casa se incorpora al espacio privado y útil. En este caso un amplio portal corre casi a todo lo largo de la residencia y junto con el patio amurallado, constituye la gran sala de la casa de la cual la sala misma y su terraza son apenas la parte techada. Una pantalla ornamental oculta a los automóviles.

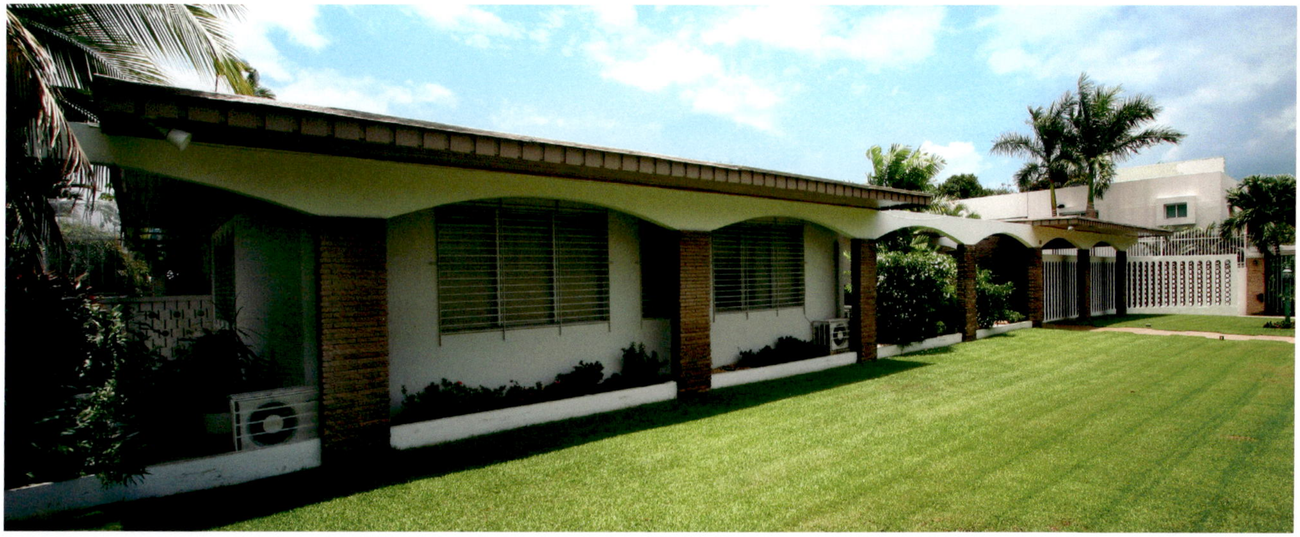

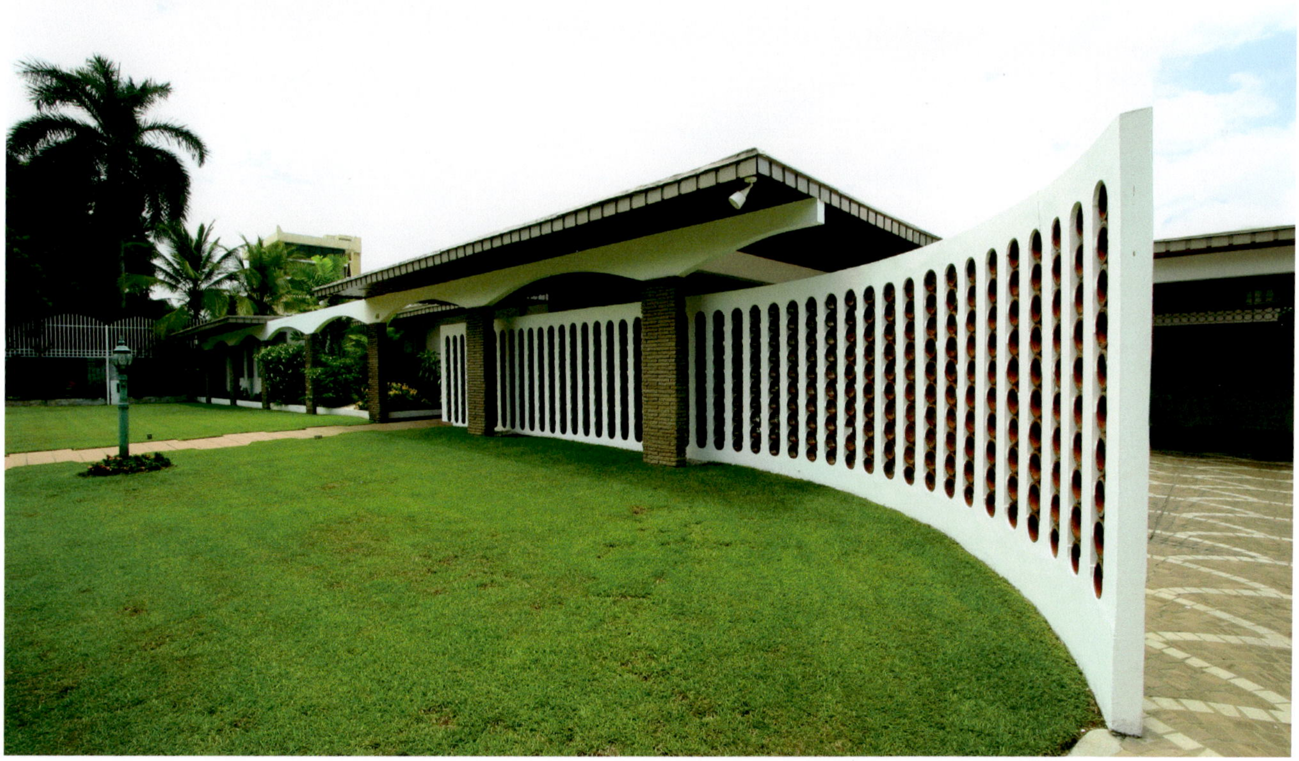

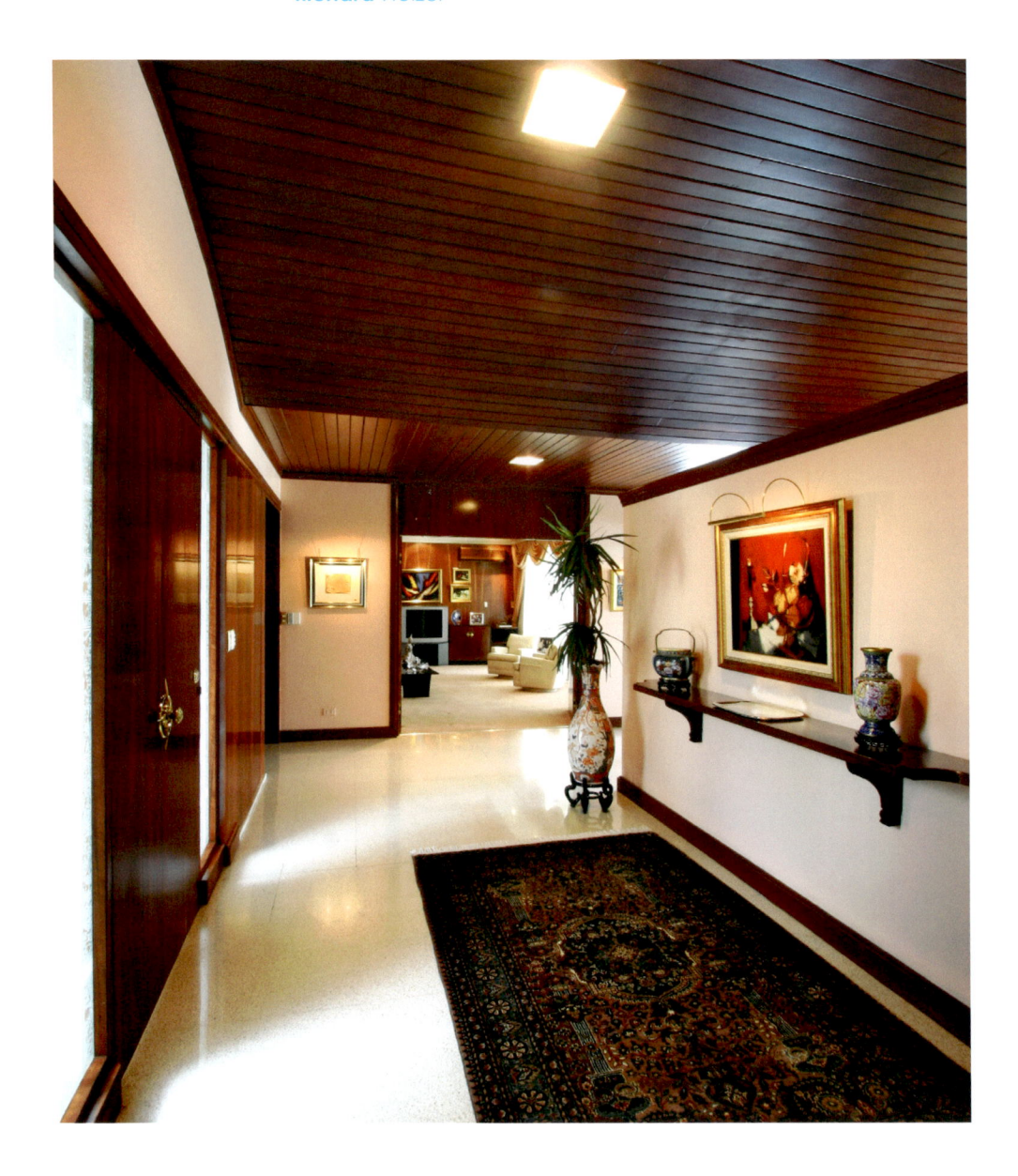

Toward the street, the house presents a clean, sober front that is nevertheless very residential in character. The entrance sequence, always an important part of a residence, is in this case placed in a small entry garden that hints at what awaits the visitor on the other side of the door.

La fachada pública presenta un aspecto sobrio pero de carácter muy residencial. La secuencia de entrada, siempre importante en una residencia, en este caso se sitúa en un pequeño jardín de entrada que ofrece un anticipo de lo que espera al visitante al traspasar la puerta.

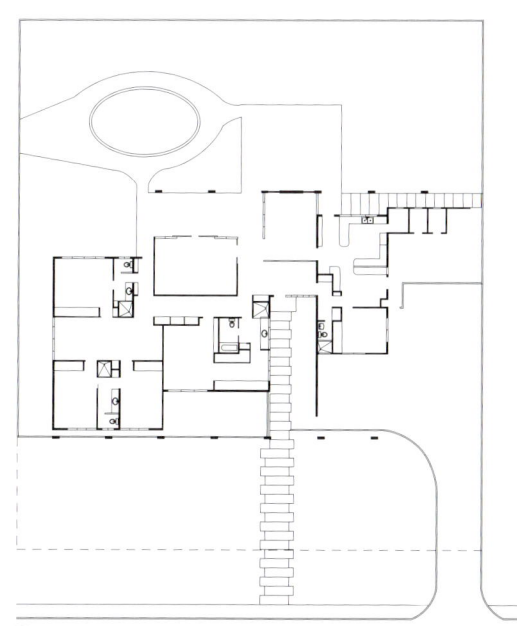

Plan
Planta

# Punta Paitilla Building
## Edificio Punta Paitilla

1966–1967

This was the very first building in an area that 30 years later had developed into the most desirable and most densely developed residential high-rise area of the city, Punta Paitilla. On a corner lot, the project is oriented toward a spectacular view of the city and its shoreline. Since this results in the living areas and terraces facing west, they are protected with wide concrete overhangs and polycarbonate sun shades, a material barely on the market at the time.

Este fue el primer edificio en lo que treinta años después vino a ser el barrio de los edificios de apartamentos más altos y lujosos de la ciudad, Punta Paitilla. Colocado en la esquina de dos calles, el proyecto se orienta hacia la vista espectacular del litoral de la ciudad. Como esto coloca las salas y terrazas hacia el poniente, se provéen aleros de hormigón y policarbonato alveolar, en su momento un material casi desconocido, a manera de brise soleil.

Typical floor plan
Planta típica

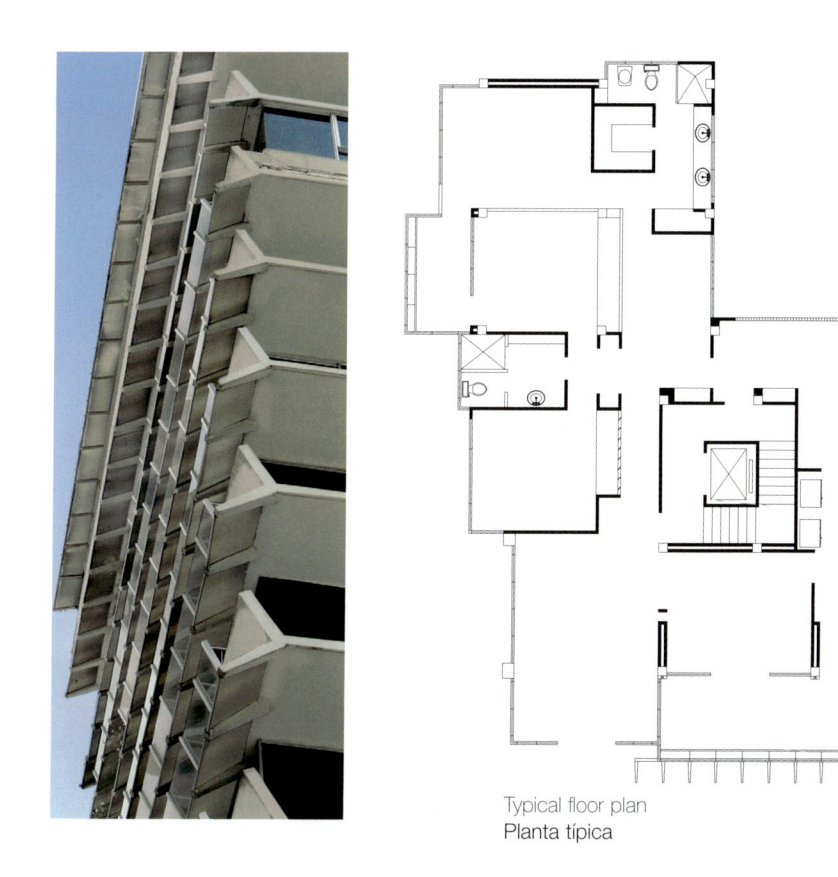

The one apartment per floor layout is developed around the vertical core, producing optimal circulation between living, sleeping, and service areas, something quite important considering that the presence of live-in maids was assumed.

The fact that there is only one elevator is testimony not only to the much more modest times in which this building was constructed, but also to the fact that only when the construction was about to begin was it possible for the designer to convince the owners to build ten rather than six floors, since it seemed obvious to him that in time, this grassy area (an abandoned US military base) would turn into a dense area of high-rises.

La planta de un solo apartamento por piso gira alrededor de la circulación vertical permitiendo una óptima circulación entre los sectores sociales, de dormitorios y de servicio, especialmente porque la presencia de servidumbre es algo automáticamente asumido.

La instalación de un solo ascensor no sólo es testigo del criterio poco exigente de aquellos tiempos sino también de que no fue sino ya a punto de iniciar la obra que el diseñador pudo convencer a los dueños de construir diez y no solo seis pisos, pues era obvio para este que con el correr del tiempo aquel potrero (en realidad una antigua base militar) iba a convertirse en una zona densa y alta.

# Saint Mark Anglican Church
## Iglesia Anglicana San Marco

1966–1967

This small church, adjacent to an existing school, was built with quite limited means. The fan-shaped floor plan has an inclined ceiling ascending toward the altar, directing the worshipper's eyes toward it and upward to the spiritual.

Esta pequeña iglesia, adjunta a una escuela existente, fue construida con medios bastante limitados. La planta en forma de abanico, con techo ascendente hacia el altar, pretende dirigir la mirada hacia este y hacia arriba, en dirección al vitral.

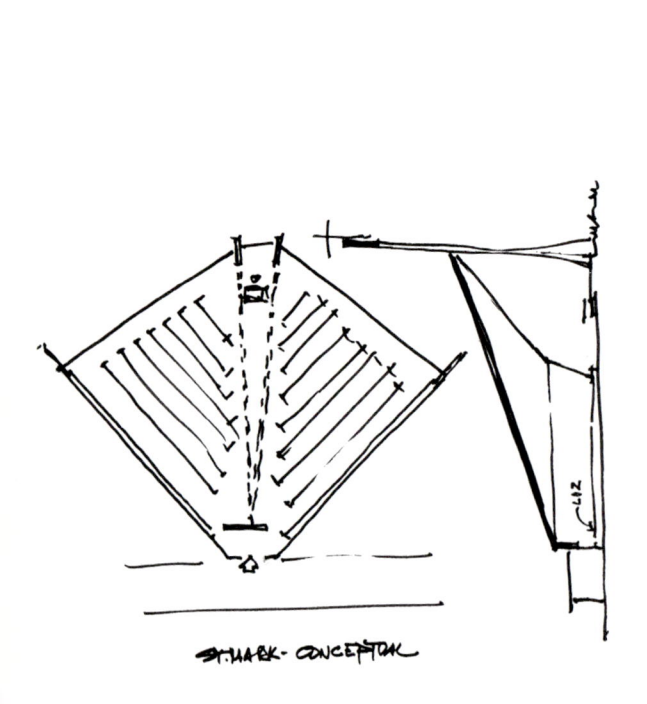

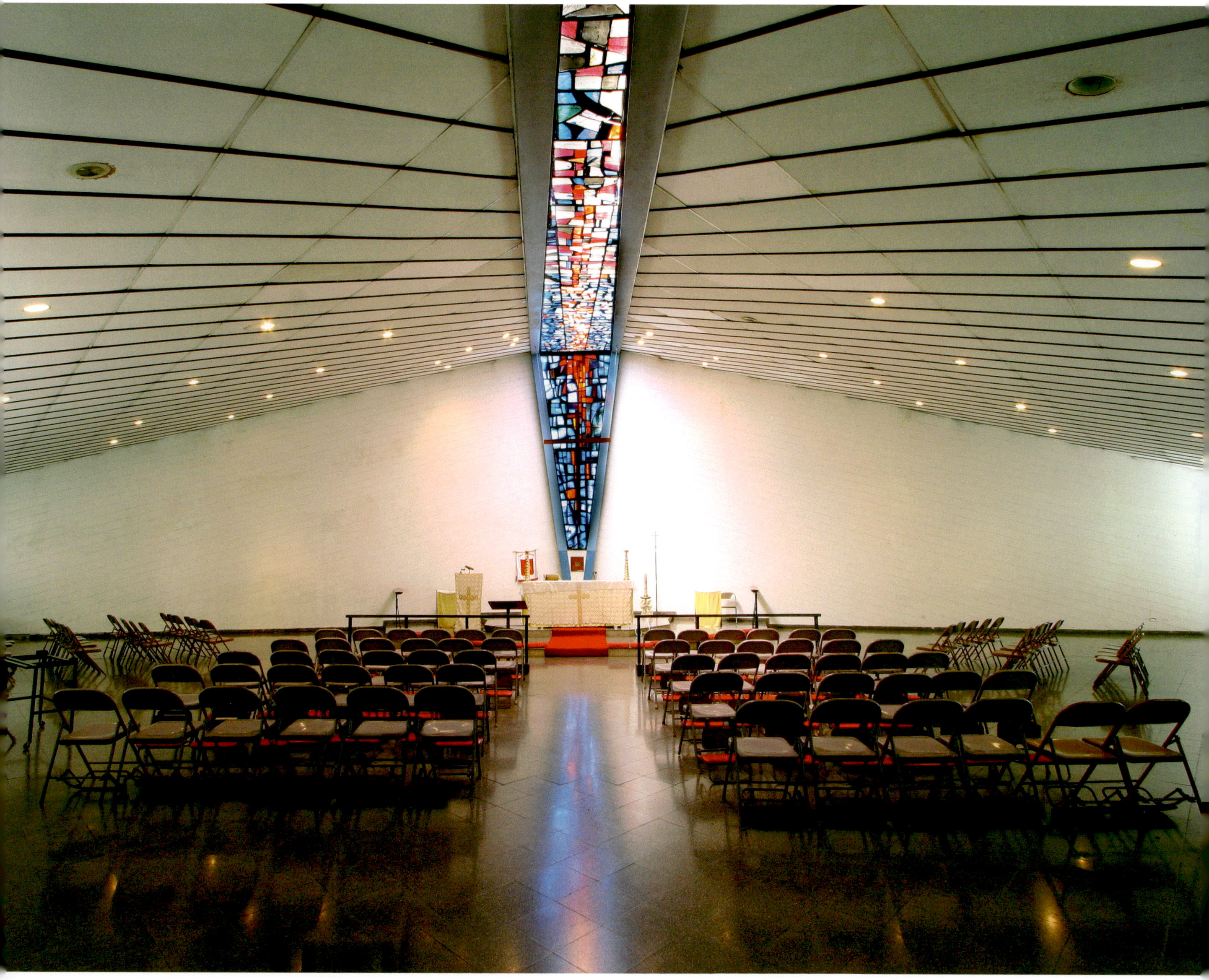

## 82
**Richard** Holzer

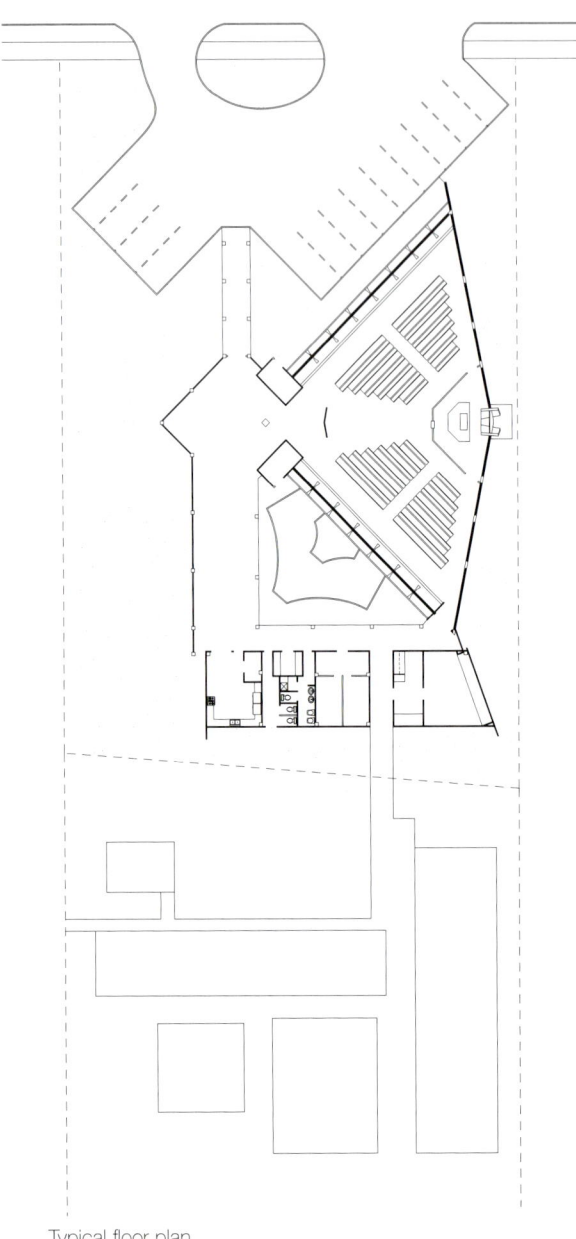

Typical floor plan
Planta típica

A stained glass skylight runs along the roof ridge and down the altar wall, widening over it and bathing this focal point in light.

The modest exterior is given a vertical element that functions in lieu of a bell tower and is a continuation of the ribs that form the stained glass feature.

Este es continuo desde el techo hasta la pared del altar, aumentando en ancho sobre éste, dandole mayor luz a ese punto focal.

El resto de la iluminación natural es indirecta.

El exterior es modesto y se caracteriza por un elemento vertical que toma el lugar del campanario tradicional y es resultado de los nervios que produce el vitral.

# De Lesseps Building
# Edificio De Lesseps
1966–1968

The program for this project is essentially the same as that already explored in others: two apartments per floor.

However, the shape, dimensions and orientation of this property did not permit a symmetrical design even though the program calls for two essentially equal units per floor. Therefore, instead of two equal apartments on each side of a central vertical circulation core, a T-shaped floor plan was developed here, with one apartment perpendicular to the other. However, such a shape would make the desired terraces of one apartment overlook the other, negating all privacy.

The solution to this quandary gave rise to the ample sweep of a curved front that at one stroke solves the functional problems of the floor plan and the esthetics of the project.

The owner of the building, who occupies the top floor, later added his studio over it, an addition also designed by the original architect.

Este proyecto tiene esencialmente el mismo programa ya explorado en otros, dos viviendas por piso.

Sin embargo, tanto la forma como la orientación y dimensiones de la propiedad no permiten un diseño simétrico, a pesar de requerirse dos viviendas de iguales características y áreas en cada piso. En vez de dos apartamentos iguales dispuestos en forma simétrica de ambos lados de la circulación vertical hubo que desarrollar un esquema en forma de T, con un apartamento perpendicular al otro. Considerando el deseo de proveer a cada vivienda con su respectiva terraza, esa forma geométrica sin embargo daría al traste con la privacidad de cada vivienda.

La solución adoptada, una gran curva unificadora, resulta en una amplia fachada cóncava que resuelve simultáneamente los problemas funcionales de la planta y los estéticos de la obra.

El dueño del edificio, quien ocupa un apartamento en el último piso añadió su atelier sobre la azotea, adición diseñada por el mismo arquitecto.

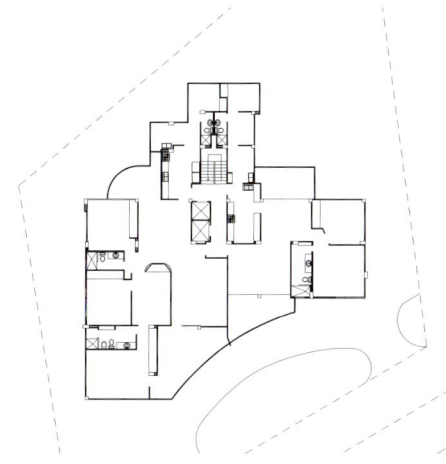

Typical floor plan
Planta típica

# Abadi Building
## Edificio Abadi
1967

The floor plan is influenced by the shape of the property, which is located in an area of middle class homes and small apartment buildings. The wavy front, developed in response to the curve of the street, continues the architect's exploration of the pliability of concrete and its architectural expression. The width of the balconies varies in accordance with the functional requirements of the spaces behind. The side of the building is clean and straight as desirable for maneuvering and parking the tenant's cars.

La planta se adapta a la forma de la propiedad, que está ubicada en un barrio de viviendas unifamiliares y multifamiliares de clase media. El frente ondulado, desarrollado a partir de la curva de la calle frontal expresa la plasticidad del hormigón, continuando con la exploración de este tema. No obstante, las dimensiones de los balcones varían en ancho conforme los requisitos de la planta. El costado es limpio y recto para facilitar el acceso y maniobra de los autos.

Typical floor plan
Planta típica

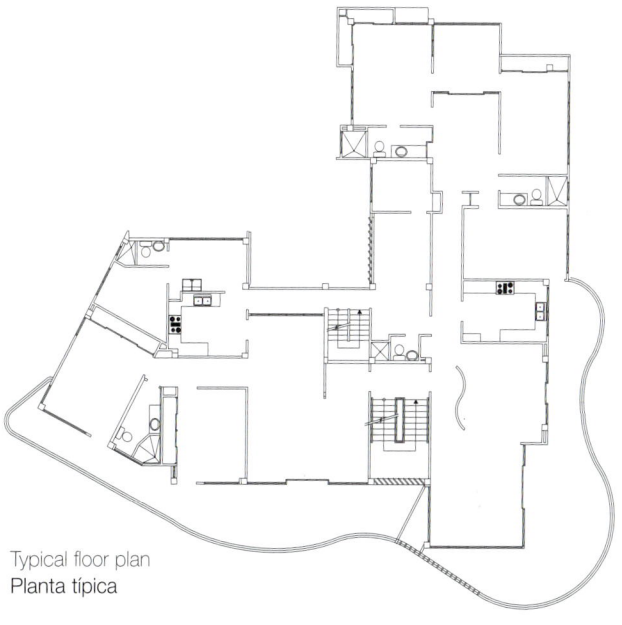

# Eden Roc Building
## Edificio Eden Roc
1967–1968

Due to the large setback of the construction line, this building has only one apartment per floor. This permits each apartment to be open to the prevailing breezes and to enjoy spectacular bay views, since the development it overlooks has only single-family homes.

Este edificio que por el gran retiro frontal sólo tiene un apartamento por piso, se caracteriza por su transparencia a los vientos y su orientación hacía la Bahía de Panamá, mirando sobre el barrio residencial unifamiliar del otro lado de la calle.

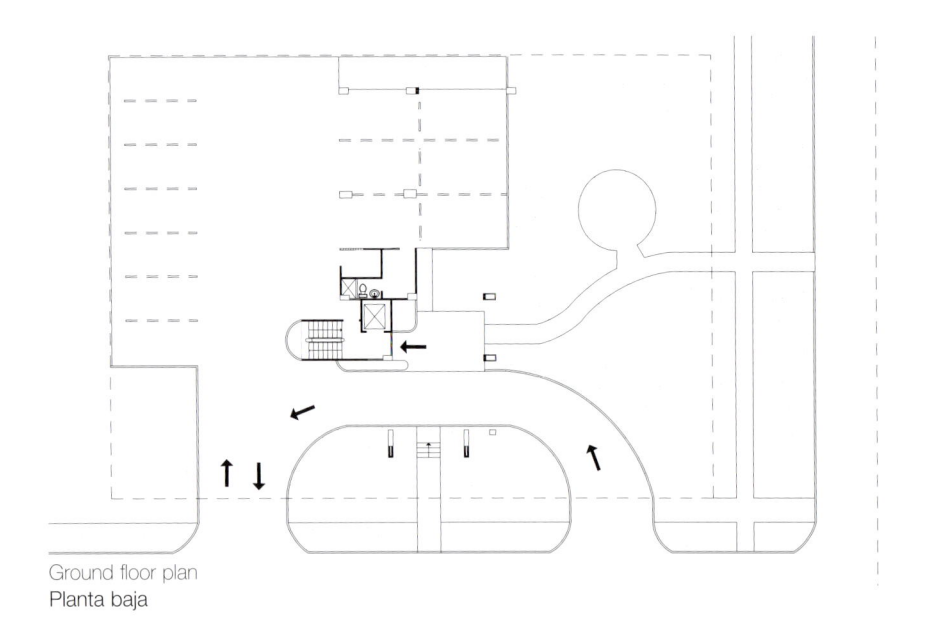

Ground floor plan
Planta baja

Typical floor plan
Planta típica

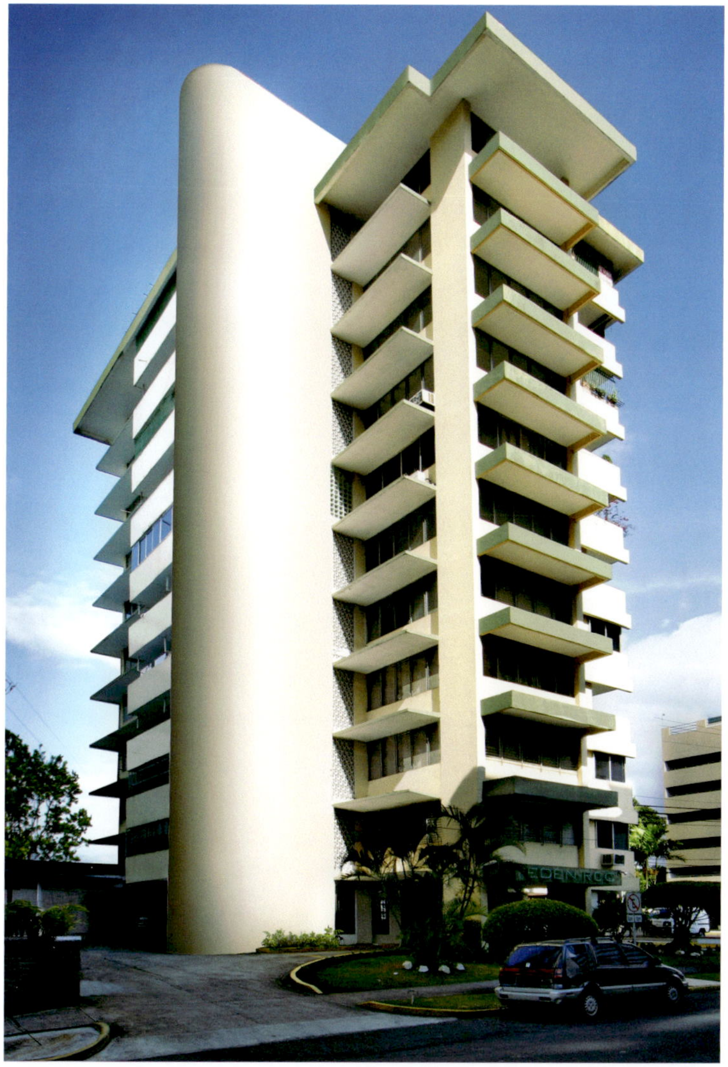
EDEN ROC

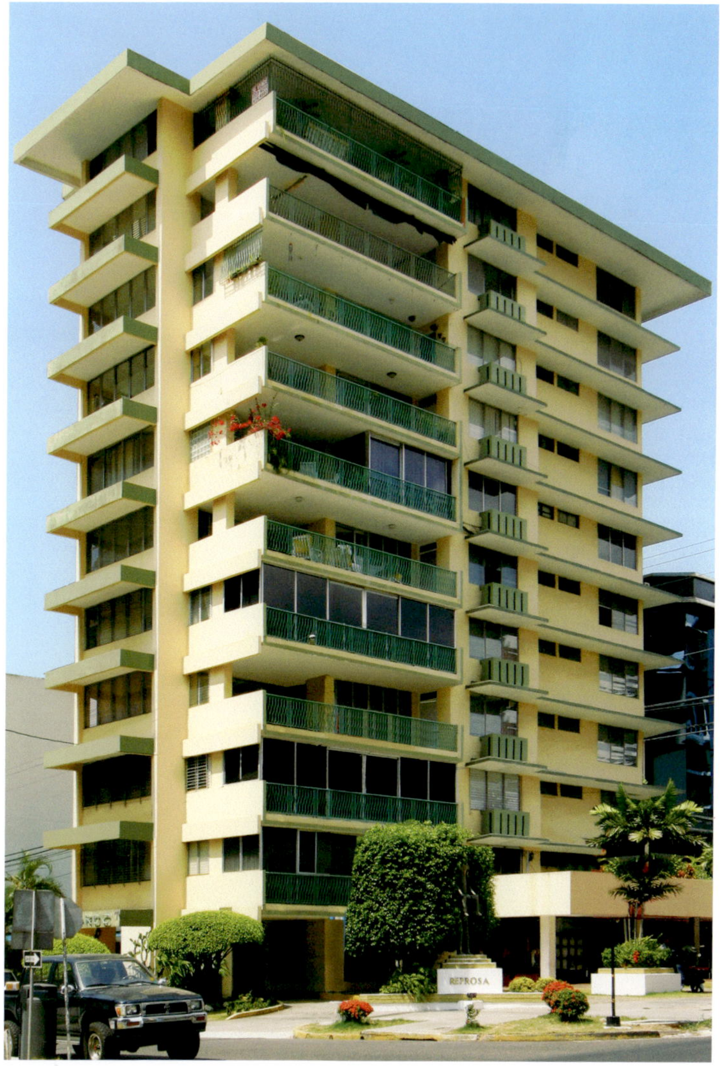
REPROSA

**Richard** Holzer

# Prosperity Building
## Edificio Prosperidad
1968–1969

The program called for an office building with ground-floor retail space to be built on a main commercial artery of the city of Panama. At the time, this was not a city of high-rises.

However, the need for parking had already become acute. Parking for the shops is provided in front of them at street level, right off the street. For all other users of the building an ample basement is provided, extending from underneath the front parking area all the way to the creek that forms the rear property line. A small bridge constructed over it connects to a previously dead-end street giving the area a second access–exit point. An internal patio and passageway create the appropriate circulation from parking to elevators.

The esthetic problem of giving character and a certain prominence to a large but low and wide building drove the architectural scheme. The office floors are recessed with respect to the first and last, producing a section that gives interest to the volume and protects the offices from the

En la arteria principal de la ciudad de Panamá se propone un edificio de oficinas, con locales comerciales en la planta baja. En su época la ciudad aún no era una urbe de edificios altos.

Sin embargo, ya el desarrollo de la ciudad hacía aguda la necesidad de estacionamientos. Si bien los locales comerciales disponen de estacionamientos frente a estos, directamente desde la vía principal, para los demás usuarios se provee un amplio sótano que se extiende desde la misma línea de propiedad debajo de los estacionamientos de los locales comerciales hasta la quebrada que constituye el lindero posterior de esta. Mediante la construcción de un pequeño puente sobre ese cauce se le da salida a los autos a lo que habría sido una calle ciega que moría contra la quebrada. La circulación desde los estacionamientos al edificio produce un patio y pasaje comercial interno.

El problema estético del proyecto consistía en darle importancia y presencia a lo que es un edificio relativamente bajo y ancho. La solución consiste en recesar los pisos de oficinas, salvo el primero y último, produciendo una sección que

afternoon sun. This is achieved by concrete elements on the floors that are not recessed. The resulting three-story free-standing columns give the project a sense of formality and importance.

The structure is the architecture.

la da interés al volumen y protege las ofi-cinas del sol de la tarde, cosa que en los pisos no recesados se logra con elementos tipo brise soleil. Las columnas libres de tres pisos de altura imparten formalidad e importancia al conjunto.

La estructura es la arquitectura.

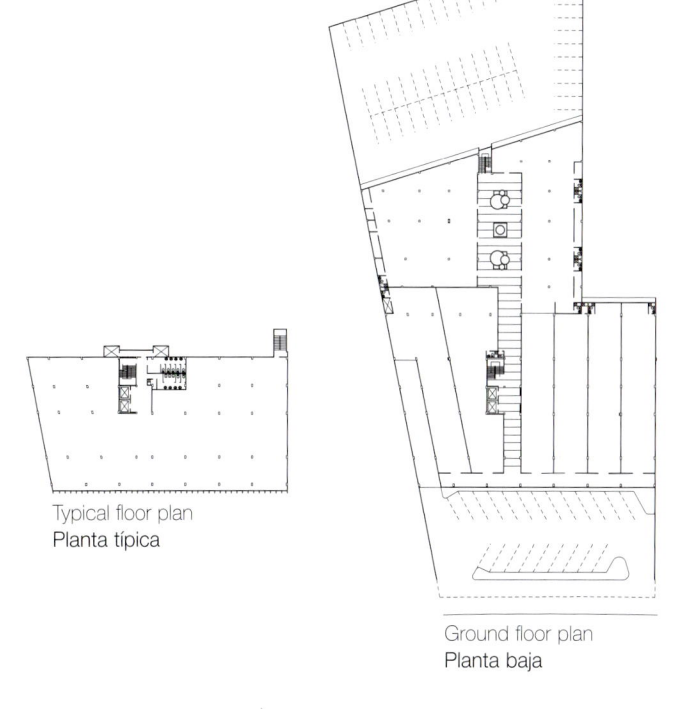

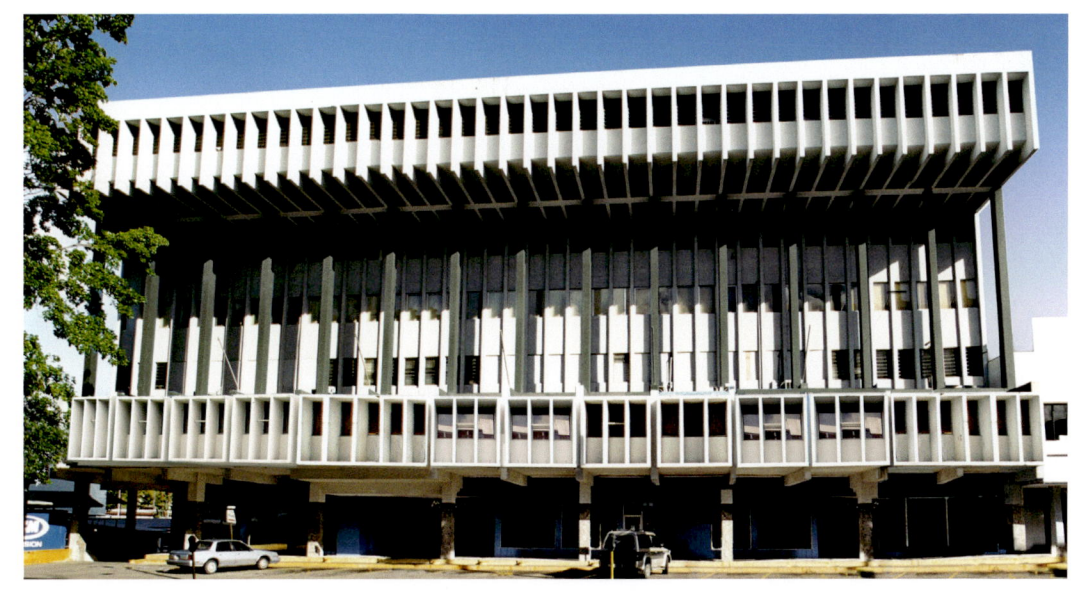

Typical floor plan
Planta típica

Ground floor plan
Planta baja

# Heurtematte and Arias
## Agencia Heurtematte y Arias
(Today Mitsubishi **Hoy Mitsubishi**)
1969

Most of this automobile dealership project consists of shops, buildings of conventional construction. The automobile display area hides these utilitarian structures behind the exhibit and sales space. That area's design called for something more attractive, without distracting from the automobiles on display, which must remain the focus of attention.

The design consists of a simple elevated and roofed-over platform alongside the street with the sales offices against the rear wall, which separates this element from the shops. The roof, which protects the cars from the elements and gives scale to the display, consists of a series of large reinforced concrete cantilevers supporting a sequence of shells of the same material.

Once again, the structure is the architecture.

El bulto del proyecto consiste en edificios para talleres, de construcción convencional de acero. El elemento de exhibición separa y oculta, estas estructuras utilitarias, del espacio de exhibición y ventas. El diseño de este elemento requería algo más vistoso, siempre manteniendo los autos en exhibición como foco de atención.

El diseño consiste en una simple plataforma elevada y techada extendida a lo largo de la calle y con las pequeñas oficinas de ventas a lo largo de la pared posterior, divisoria con los talleres. El techo necesario para la protección de los elementos y dar escala a la exhibición, se desarrolla sobre la base de una serie de grandes cantolibres de hormigón armado que sostienen sendas bóvedas del mismo material.

Nuevamente en este proyecto, la estructura es la arquitectura.

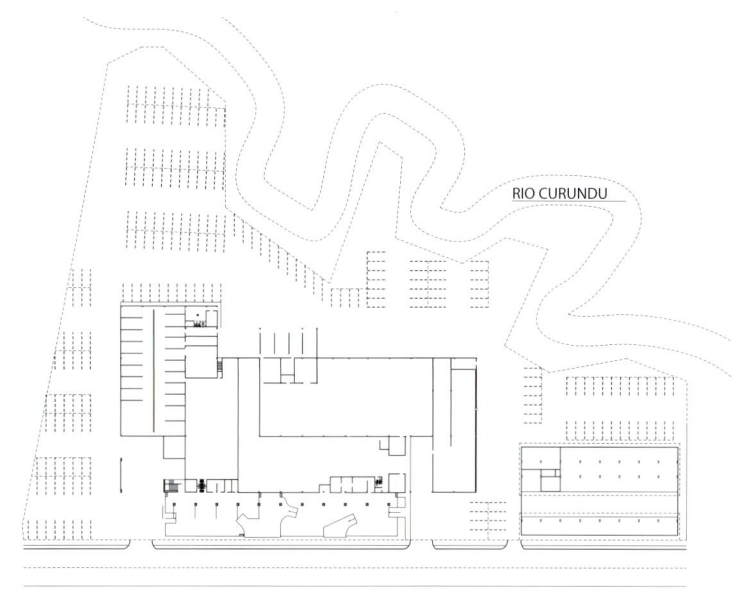

Ground floor plan
Planta baja

# San Antonio de Padua Sanctuary Church
## Santuario San Antonio de Padua

1969–1971

Only two materials create this Catholic church: concrete and glass. The structure does not merely support the architecture, it is the architecture.

Two parabolic elements, one inside the other, form both ends. There, the surface generated by the inner parabola creates the altar apse. Lateral semi-cylinders create spaces for side altars and confessionals. The undulating concrete roof floats over the nave. Most spaces between the concrete elements are kept open for ventilation. Where rain could be a problem, stained glass is inserted.

The nave was constructed with one module less than originally designed, thus shortening its length and proportion.

Sited on top of a hill, a grand formal staircase leads up to the main entrance, though the church is also accessible at its own level from a side street.

Esta iglesia católica se plasma con sólo dos materiales, hormigón armado y vidrio. La estructura no sostiene la arquitectura, es la arquitectura.

Dos elementos parabólicos, uno dentro del otro forman respectivamente la entrada y la zona del altar. La superficie generada por la rotación de la parábola menor da lugar a la pared de fondo del altar. Semicilindros laterales forman, a la vez, las paredes laterales de la nave y los espacios para altares y confesionarios. El techo ondulado de hormigón armado "flota" sobre la nave. Los espacios entre las superficies de hormigón se mantienen abiertos para ventilación salvo donde por razones de protección de lluvias se tienen que cerrar, en ese caso con vitrales.

La nave fue construida con un módulo menos de lo proyectado haciéndola algo más corta en proporción y dimensión que lo originalmente diseñado.

Situada sobre una colina, una gran escalinata formal conduce a su entrada principal, aunque la iglesia también es accesible lateralmente desde un área de estacionamientos al mismo nivel.

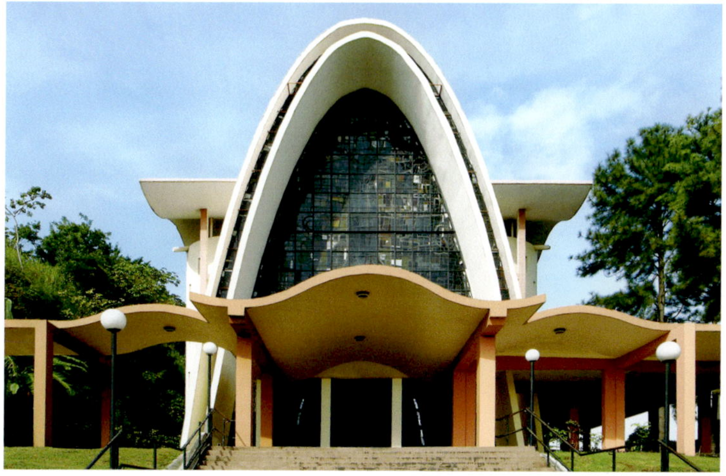

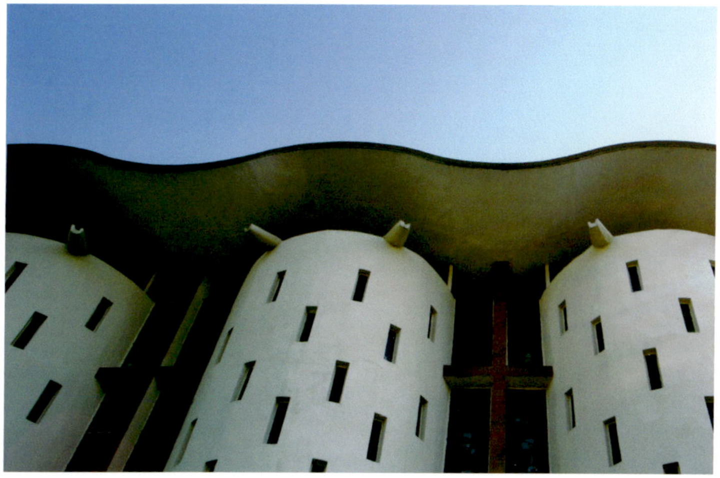

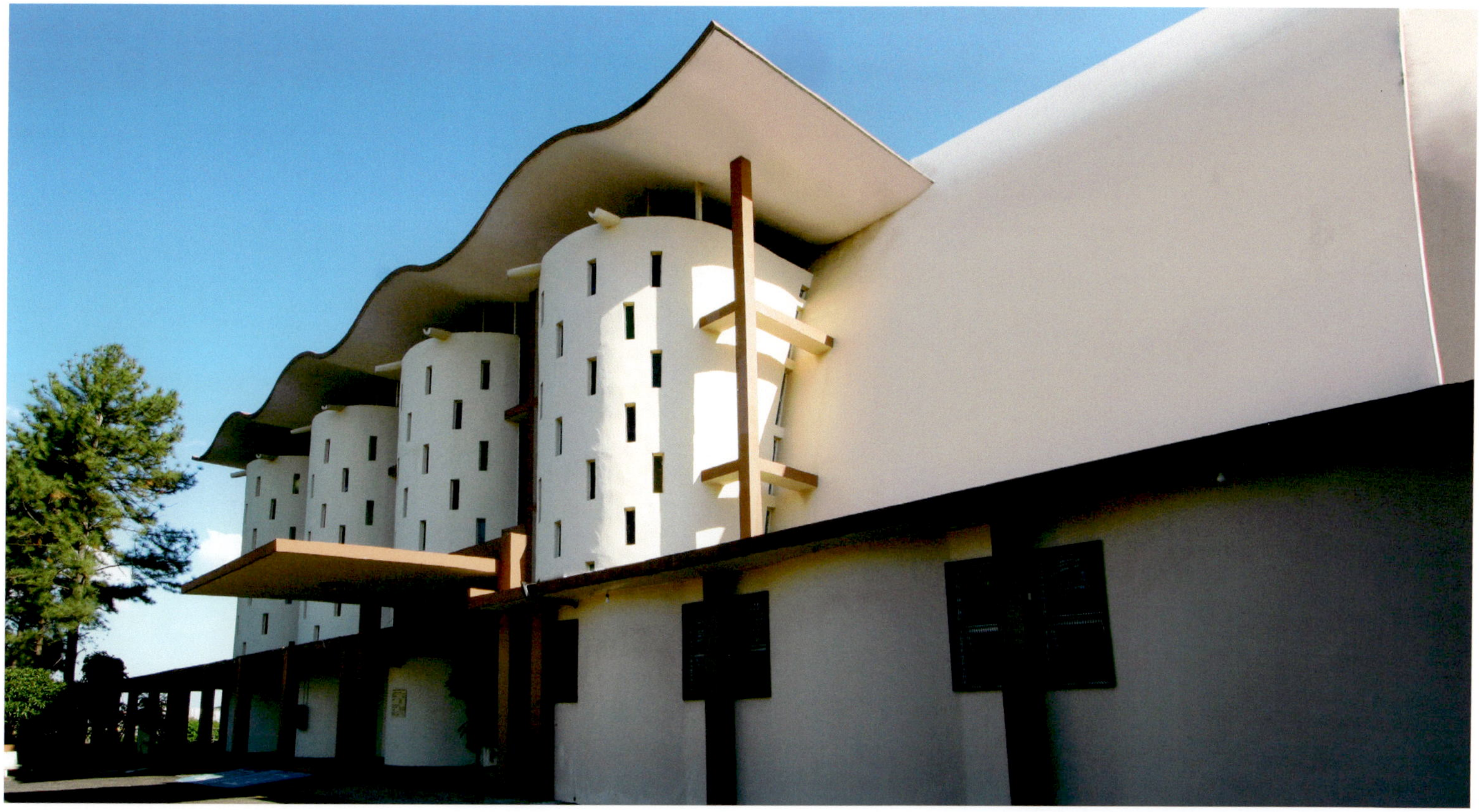

## 96
**Richard** Holzer

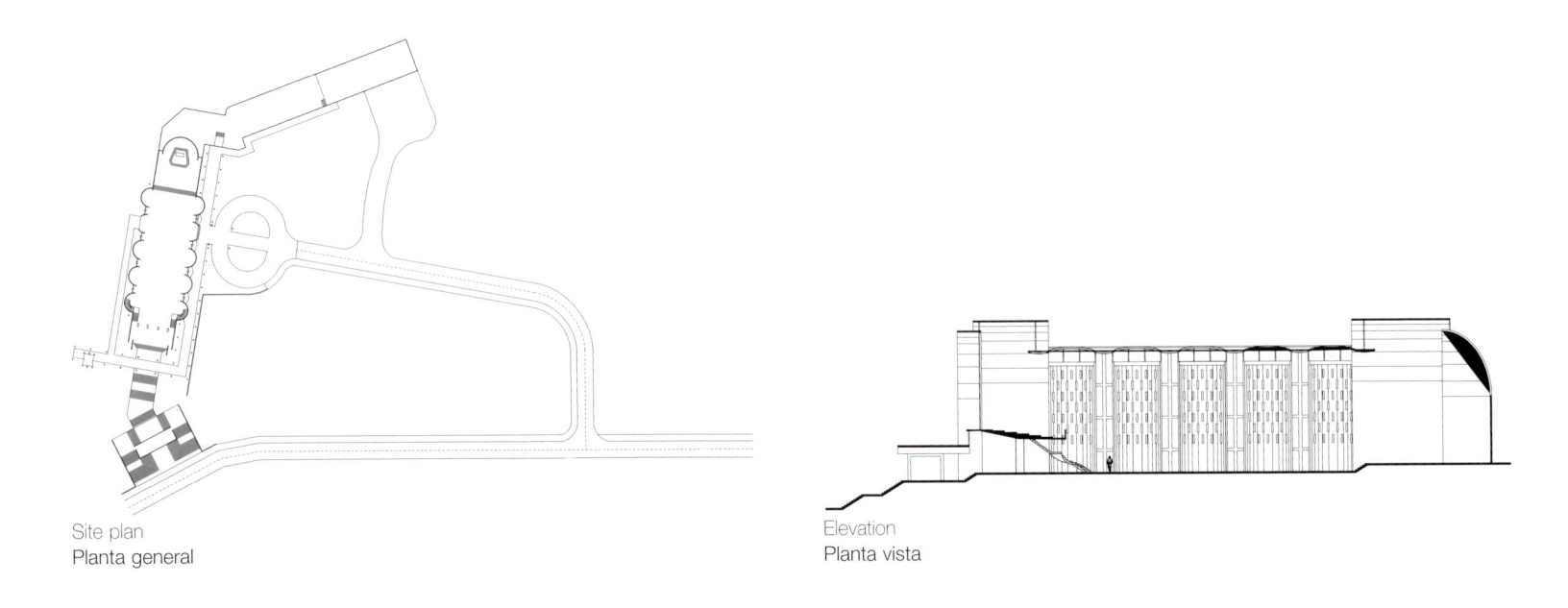

Site plan
Planta general

Elevation
Planta vista

97

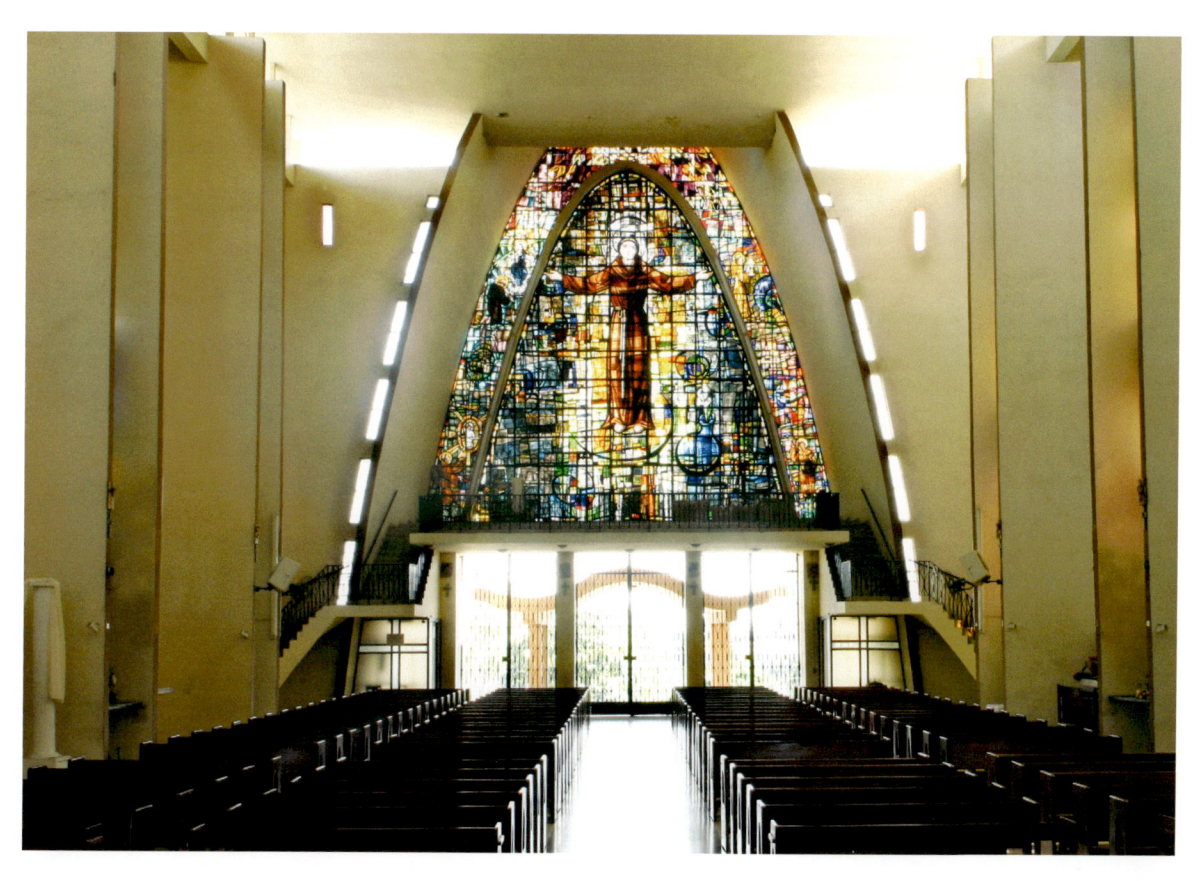

# U.S. Investment Bank Headquarters
## Edificio Sede del U.S. Investment Bank
(Today Universal Building **Hoy Edificio Universal**)
1969

This project for a bank headquarters had to meet two requirements: to provide the space necessary for the business of its young owner corporation, active in finance and banking, and to give its owner a solid but dynamic image.

In terms of square footage these needs were not overly great. Nevertheless, in order to satisfy the "image" requirement of the program, a 250-square-meter (2,600-square-foot) floor plate resulting in a "tower" was adopted. Numerous optical effects make the building appear much larger than it really is.

A structural scheme similar to that of the AVESA building was adopted, with load-bearing reinforced concrete ribs separating the windows. Once again, the loads are collected two floors above ground level, but this time without a horizontal transfer beam.

Rather, the two-story-high columns around the banking hall flare in order to support two of the upper columns.

El proyecto, sede de un banco, tenía que satisfacer dos requisitos: Proveer las facilidades físicas para el desarrollo de las actividades de su joven empresa propietaria, activa en la banca y otras esferas financieras, y reforzar su imagen de fortaleza y pujanza.

Expresadas en metros cuadrados esas necesidades no eran muy grandes. Sin embargo para satisfacer el requisito de imagen se adoptó una solución de torre de oficinas, si bien de apenas 250 m2 por planta, y de solo 10 plantas. La solución arquitectónica utiliza una serie de recursos ópticos para lograr que el proyecto luzca mucho mayor de lo que realmente es.

Se utilizó una solución estructural semejante al edificio AVESA, en que las costillas de la fachada son estructurales. Las fuerzas verticales se recogen, una vez más, a dos pisos de altura pero esta vez evitando la interrupción horizontal de una viga.

Así, las columnas de la sala bancaria de doble altura se ensanchan y forman una especie de capitel al nivel del segundo alto, donde reciben dos columnas de las fachadas superiores.

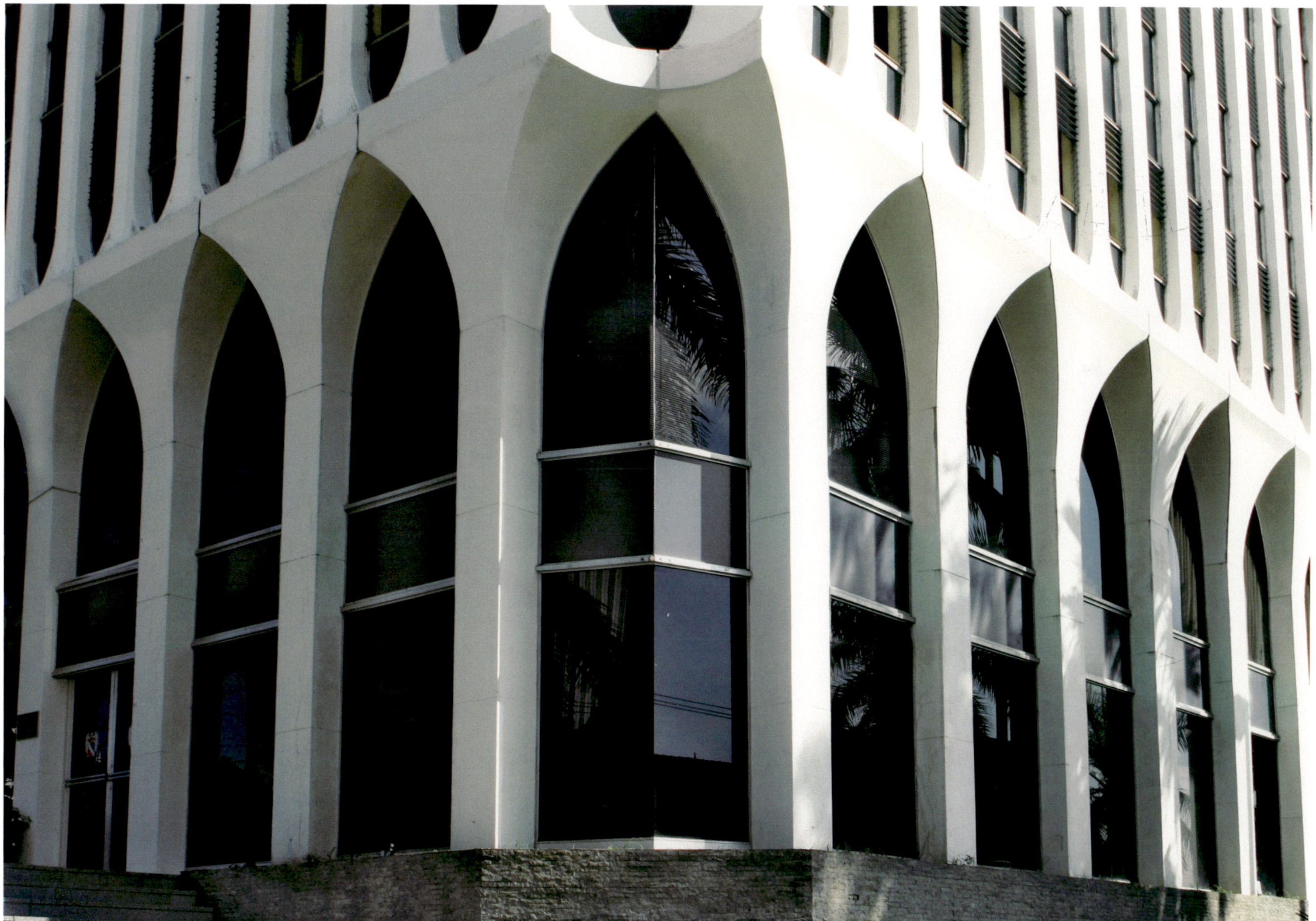

The windows have similar solar control devices to those in the AVESA building but the spandrels are detailed so as to blend into the windows, reinforcing the vertical and making it difficult to determine how many—or how few—floors there really are. Reinforcing this effect, the vertical ribs rise above the last floor and finish without any special termination so as to continue the eye's vertical sweep.

The building is sited at the corner of its quite prominent property, exploiting the topography in order to place the building high above the street. The elevation is resolved by a series of wide steps and a fountain with an abstract sculpture at the very corner (the sculpture has since disappeared). A small commercial structure is placed next to the high-rise on the avenue side; on the street side, a low parking structure forms another flanking module.

The building is today the headquarters of an insurance company (Cía. Universal de Seguros) and the commercial module is the Embassy of India.

Las ventanas, semejantes a las de AVESA con control solar, sin embargo, se integran con los espacios que las separan verticalmente haciendo poco aparentes los distintos pisos y bo-rrando la realidad de sólo 10 de ellos. Reforzando este efecto se termina el edificio sin ningún detalle formal plástico permitiendo el libre flujo de las miradas ascendentes dirigidas por las columnas que forman las fachadas.

El edificio se coloca en la mera esquina de la muy prominente propiedad, aprovechando la topografía para elevarlo sobre la calle, lo cual se resuelve con una escalinata, una fuente y una escultura abstracta en la misma esquina (hoy desaparecida). Del lado de la avenida se co-loca un módulo bajo para un local comercial, y otro de estacionamientos se coloca al otro costado del proyecto.

El edificio es hoy sede de la Cía. Universal de Seguros, y el módulo comercial es la Embajada de la India.

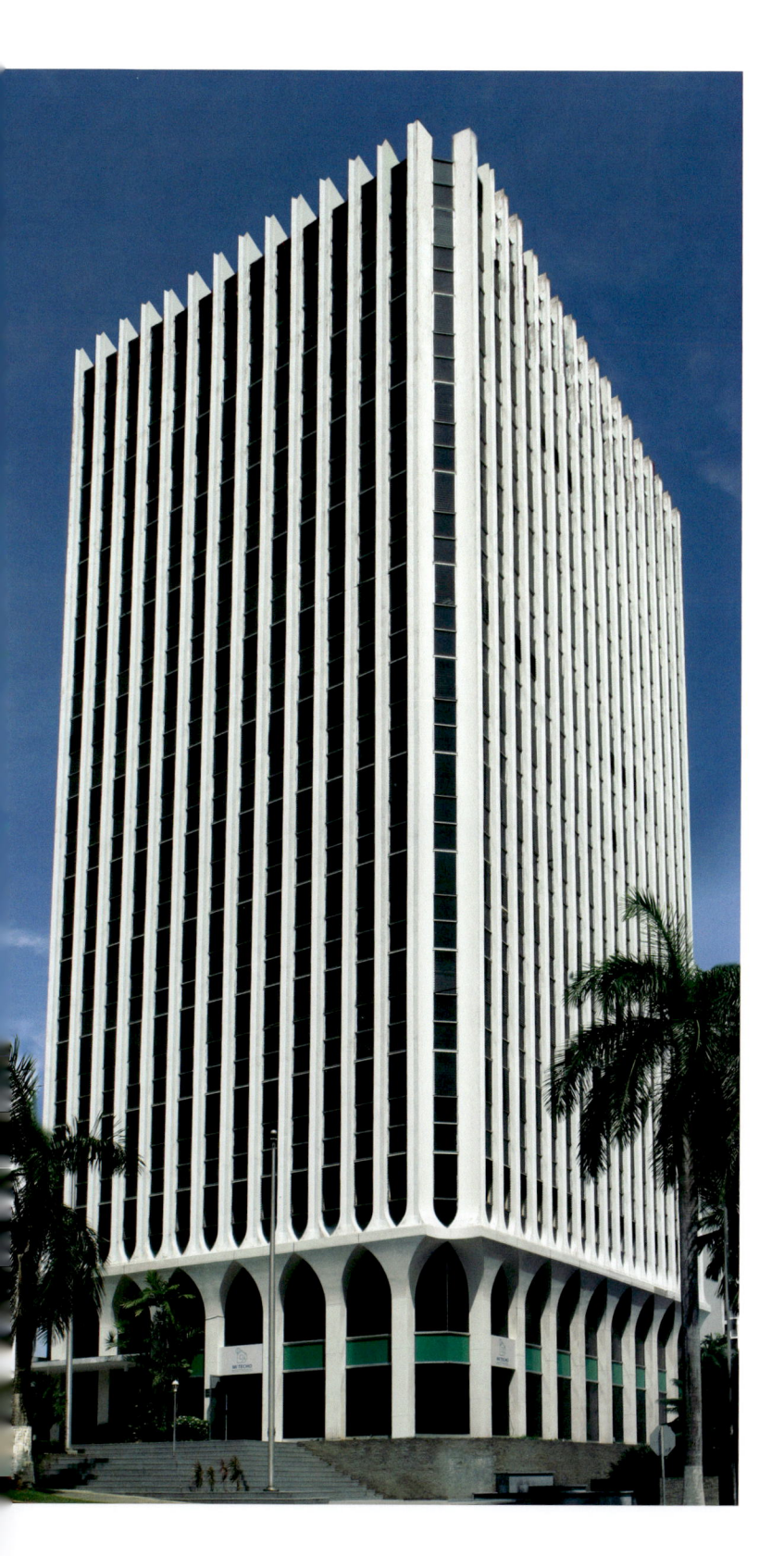

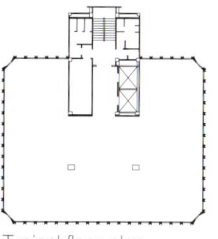

Typical floor plan
Planta típica

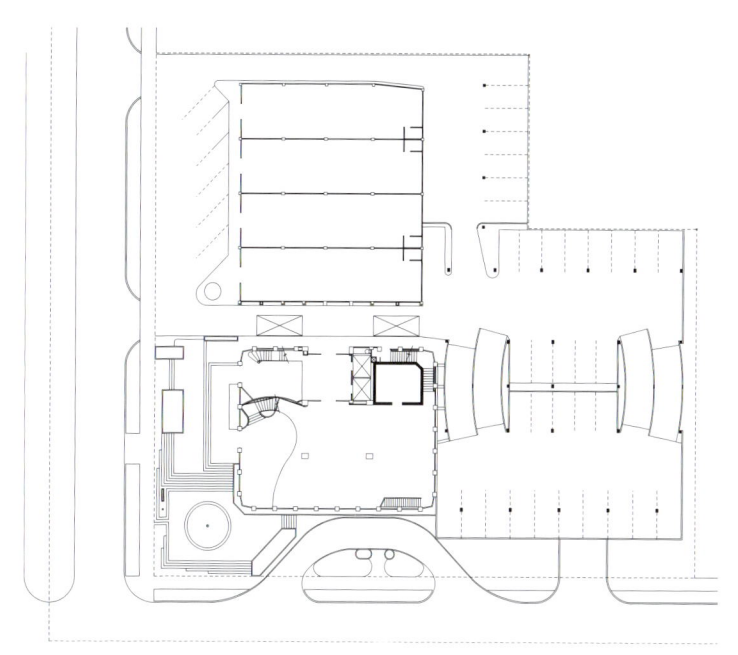

Ground floor plan
Planta baja

# Davimar Building
## Edificio Davimar
1971–1972

One luxury apartment per floor is the simple program for this building, the success of which led the developer to acquire the adjacent lot and duplicate it there.

The location is among a row of equal properties along a street, which is some 13 feet above the level of a parallel street at the rear, with low structures all along it as well as on the other side of the main street. The floor plan therefore is developed considering front and back but no side views.

Un apartamento de lujo por piso es el programa de este edificio, cuyo éxito indujo al dueño a repetirlo en la parcela adyacente, de idénticas dimensiones.

La ubicación es en una de una serie de propiedades en fila a lo largo de una calle elevada unos cuatro metros sobre la calle posterior, paralela y de construcciones de poca altura, como lo son también las edificaciones enfrente. Por ello, la planta se desarrolla considerando vista libre hacia adelante y atrás pero no lateralmente.

The shape of the terraces is intended to animate what otherwise would be a monotonous wall of high-rises all long the street. The terrace railings, the most visible feature of the front elevation, are composed of concrete and glass, for safety, vision, and protection from corrosion by the salty air of the nearby ocean.

La forma de los balcones pretende dar vida a lo que de otra manera sería una larga y alta muralla de edificaciones alineadas a lo largo de la calle. El diseño de las barandas de las amplias terrazas, el detalle más prominente de la fachada, se desarrolla con vidrio y hormigón conservando así la vista libre desde la terraza y evitando elementos de metal que el salitre del mar cercano pudiera corroer.

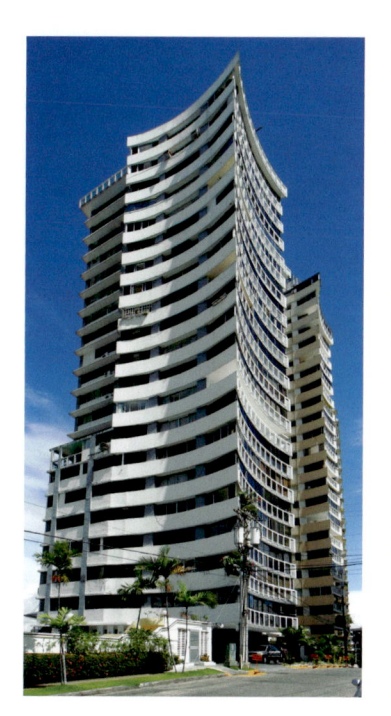

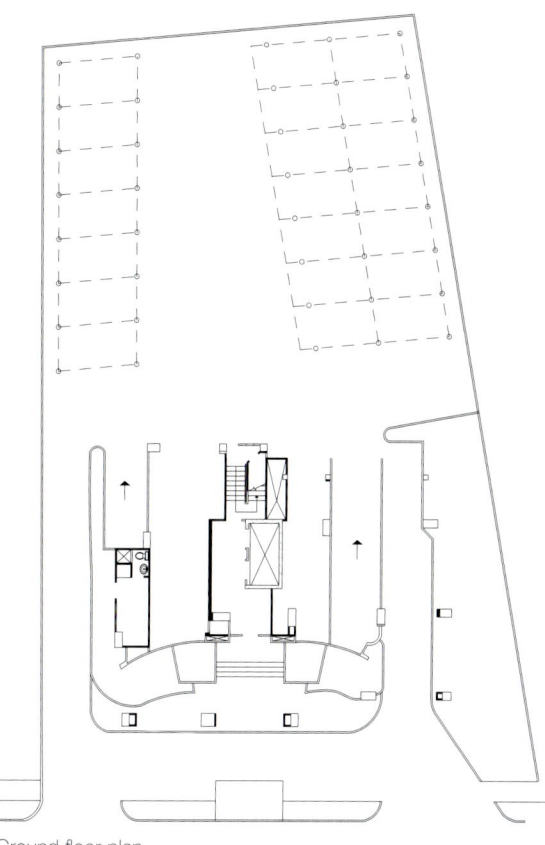

Typical floor plan
Planta típica

Ground floor plan
Planta baja

# N.M. Residence
# Residencia N.M.
1972

This project, though in the city, is located on the shores of the Pacific Ocean, from which it is separated by a low sea wall designed to hold a small private dock for the owner's yacht. Upon its subsequent sale to an embassy, a high-security fence was installed, which interrupted the visual and physical connection with the ocean at ground level.

The house, though spacious, is for a small family. The overall scheme is quite traditional, with the living areas on the ground floor and the bedrooms on the upper floor.

Once again the design incorporates the garden, with its pool and gazebo, into the living space by opening the enclosed living areas toward it and using the house as the fourth side of its enclosure.

The use of traditional clay tiles for the roof, avoided by the designer for years as a rebellion against the old architecture, returns here but in a quite non-traditional manner. Large overhangs protect the windows, their projection growing as they rise.

Este proyecto, aunque urbano, está ubicado a orillas del Pacífico, del cual es separado por un muro que, del lado del mar, permite incluso un pequeño muelle flotante para el yate del dueño.

Al ser adquirido por una embajada, una cerca tupida y alta cortó la conexión visual y física con el mar a nivel de jardín.

La casa, aunque amplia, es para una familia pequeña. El esquema es el tradicional, con los espacios sociales en planta baja y los dormitorios en lo alto.

La solución de esta casa nuevamente incorpora el jardín, con su piscina y gazebo, al espacio de vivienda mediante el recurso de abrir la sala al jardín y utilizar la casa como una de las cuatro paredes que definen el patio.

El uso del techo de tejas, material típico y tradicional para techos, que el diseñador había evitado por muchos años como parte de su rebelión contra la arquitectura tradicional, vuelve aquí pero manejado en una forma poco tradicional. Grandes aleros protegen las ventanas, aumentando su proyección a mayor altura del techo.

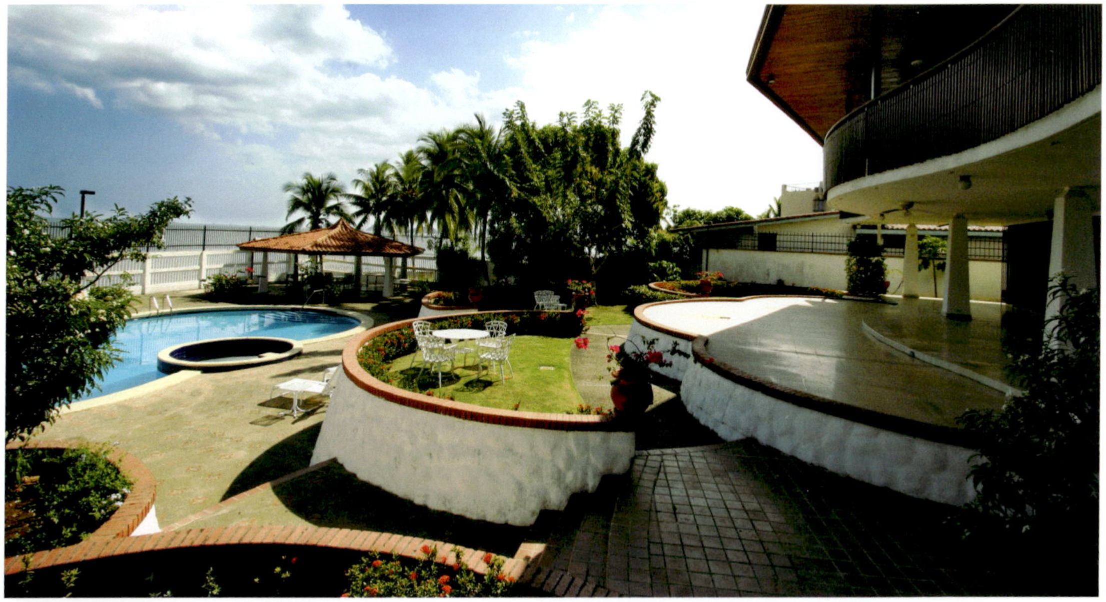

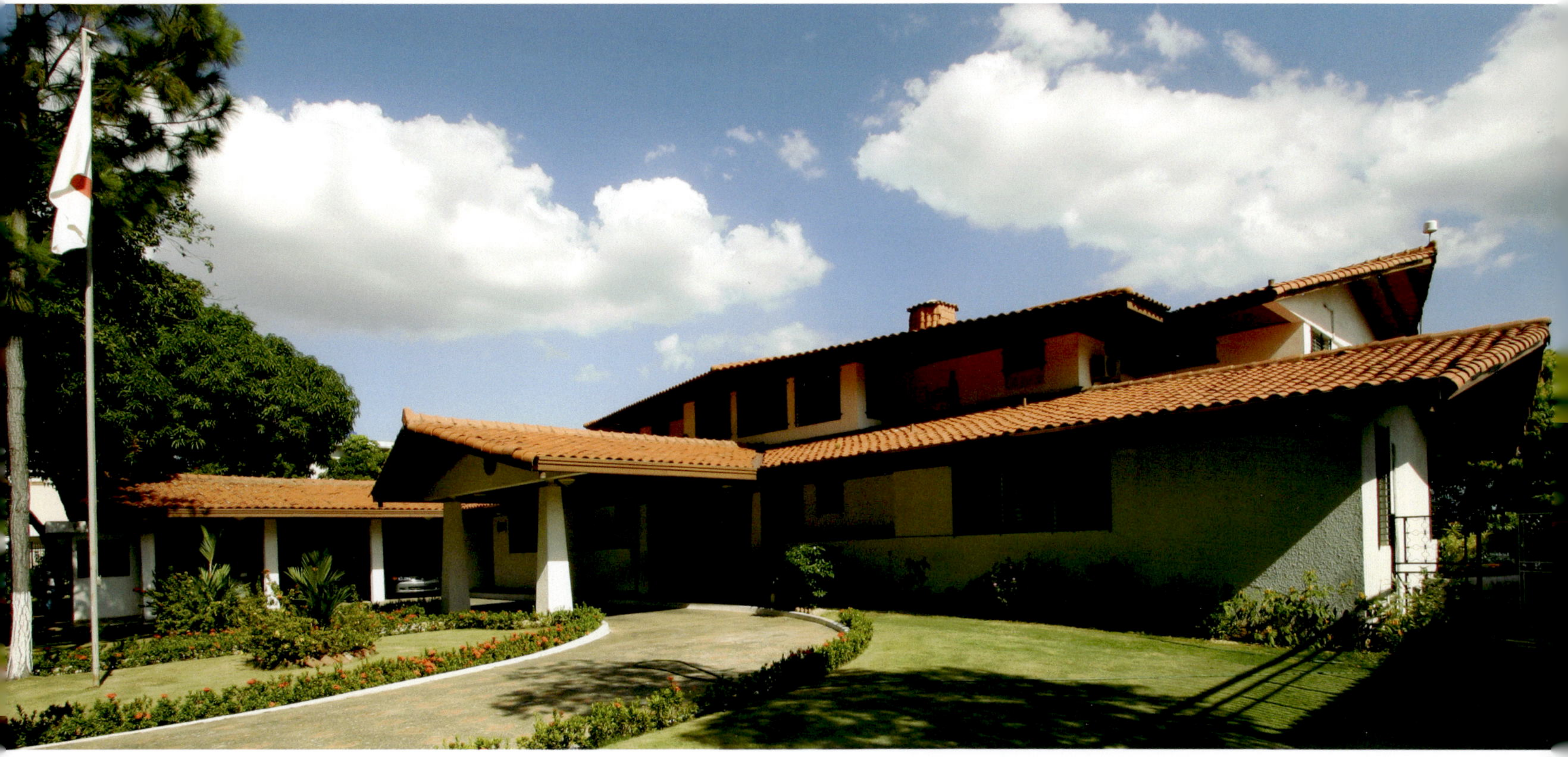

# 108
**Richard** Holzer

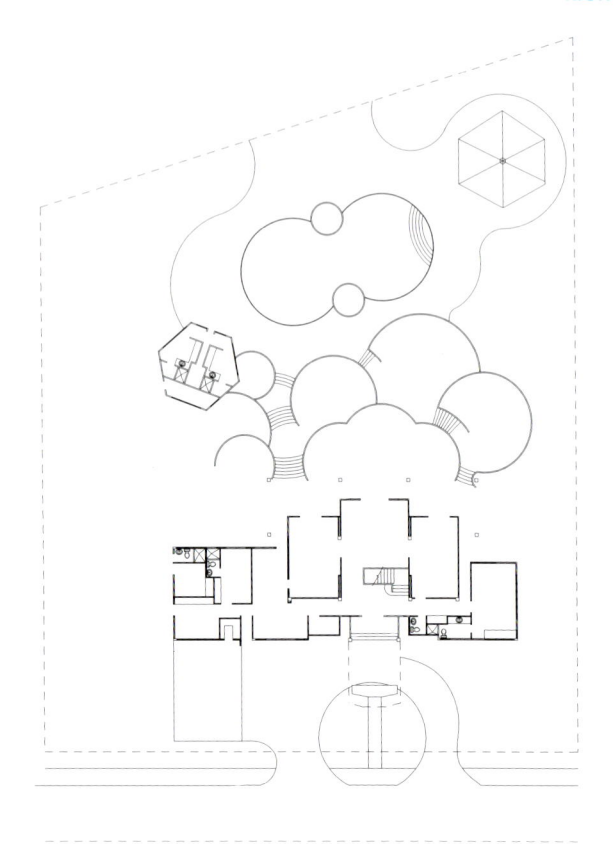

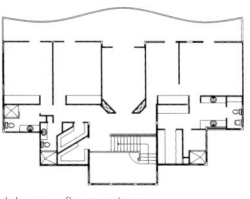

Ground floor plan
Planta baja

Upper floor plan
Planta alta

# J.B. Residence
## Residencia J.B.
1973

The property is in a residential area of large lots and is adjacent to a golf course. The gently swelling topography gave rise to a three-level solution, with the living room on the intermediate level enjoying beautiful views to the garden and the golf club.

En una zona residencial de amplios lotes se ubica este proyecto colindante con un campo de golf. La topografía ondulante da origen a una solución desarrollada en tres distintos niveles, con la sala ubicada en el nivel intermedio, con la mejor vista al jardín y al campo.

## 110
**Richard** Holzer

Ground floor plan
Planta baja

In order to break with the usual pseudo-Spanish residential architecture in vogue since the 1930s, the design uses gently sloping roofs with wide overhangs protecting the windows, which are of adjustable tinted glass louvers and integral mosquito netting.

The butterfly-shaped floor plan is reflected on the exterior by the reverse sloped roof, which rises rather than drops toward the end walls.

Para romper con el estilo seudo-español predominante en la arquitectura residencial en Panamá desde los años '30, el diseño usa un techo de inclinación suave recubierto de una membrana impermeable con grandes aleros, dando protección a amplios ventanales de celosías ajustables de vidrio de tinte con mallas de mosquitos integradas.

La planta, de forma de mariposa, es reflejada en el exterior por las pendientes que, a la inversa de lo tradicional, suben desde el centro de la casa hacia sus bordes.

## 112
**Richard** Holzer

# Plaza Regency Commercial Complex
## Complejo Comercial Plaza Regency

1973–1978

This project's master plan was created in 1973 together with the first building, but the entire complex grew in various stages over several years. The project is located on one of the city's major arteries and also has access to a parallel street at the rear of the property.

Este conjunto fue planeado en 1973 pero ejecutado en etapas que se extenderían por varios años.

El proyecto se ubica en una arteria importante de la ciudad, con acceso a una calle posterior paralela. El diseño provee una vía principal de acceso que conduce a un edificio de estacionamientos, el cual a su vez es accesible desde la calle posterior, secundaria.

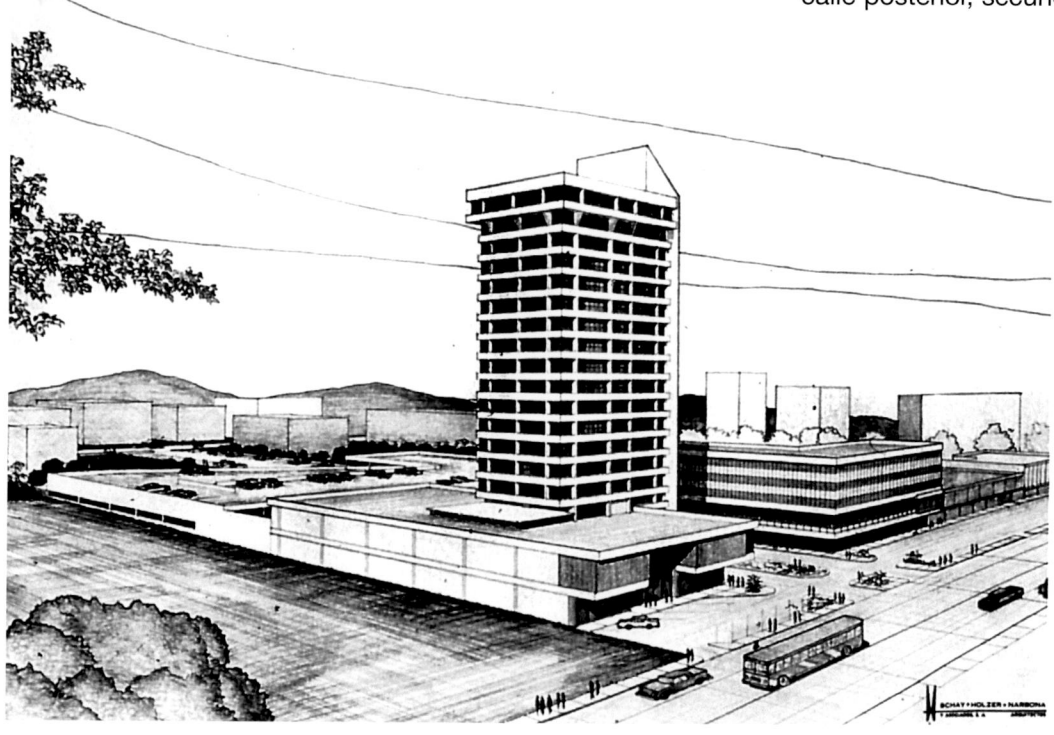

# 114
### Richard Holzer

The scheme provides a main access from the major street, which leads to a parking garage that in turn connects to the secondary street.

Three other buildings complete the complex: an office tower, a low-rise block of shops and offices, and a department store.

The office tower, with a quite small floor plate (4,300 square feet) is laid out so that it can be easily divided into as many as four independent offices.

Following local custom, the air conditioning plant is composed of four separately metered units per floor. These are placed

Tres otros edificios completan el conjunto: un bloque bajo de locales co-merciales en dos niveles, seguidos de tres niveles de oficinas; una torre de oficinas y un almacén por departamentos de dos pisos.

La torre, de plantas relativamente pequeñas (400m$^2$) se desarrolla de modo que cada piso puede subdividirse en hasta cuatro oficinas.

Siguiendo la costumbre local, el aire acondicionado no es central para todo el edificio sino que se proveen cuatro máquinas independientes para cada piso. Estas se ubican en los grandes elementos horizontales que dan sombra y

Typical tower floor plan
Planta típica torre

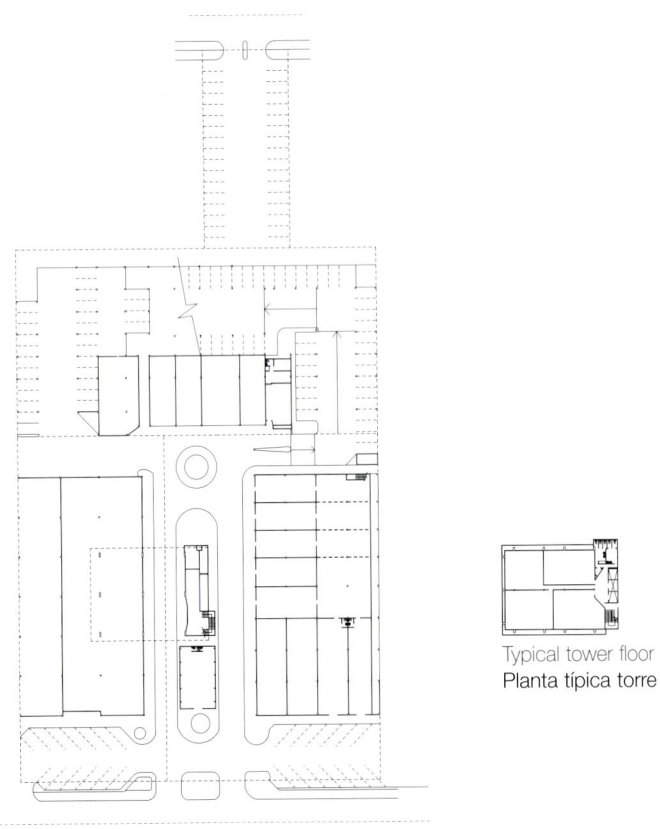

Ground floor plan
Planta baja

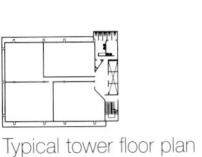

inside the large horizontal sun breaks that shade and protect all windows. The last floor, always the most valuable, is here 25 percent larger than the others and becomes an important element in the massing of the tower and indeed the entire complex. The vertical circulation is independent of the ground floor elements and rises from the central traffic isle.

The department store was designed to make people aware of its several levels while maintaining a mostly solid perimeter. The second floor of the low-rise building was given an exterior circulation to permit its use for shops or offices.

protección a las ventanas. El último piso, siempre el comercialmente más valioso, tiene 25% más área que los demás y constituye un elemento importante de la plástica de la torre y del conjunto. La circulación vertical de la torre es independiente del volumen del almacén por departamentos y nace en la isla central de la calle de acceso del conjunto.

El almacén por departamentos fue diseñado mostrando sus dos niveles a la calle aunque mayormente sin vidrieras a ésta. El bloque bajo tiene circulación en un pasillo exterior a fin de permitir el uso como locales u oficinas.

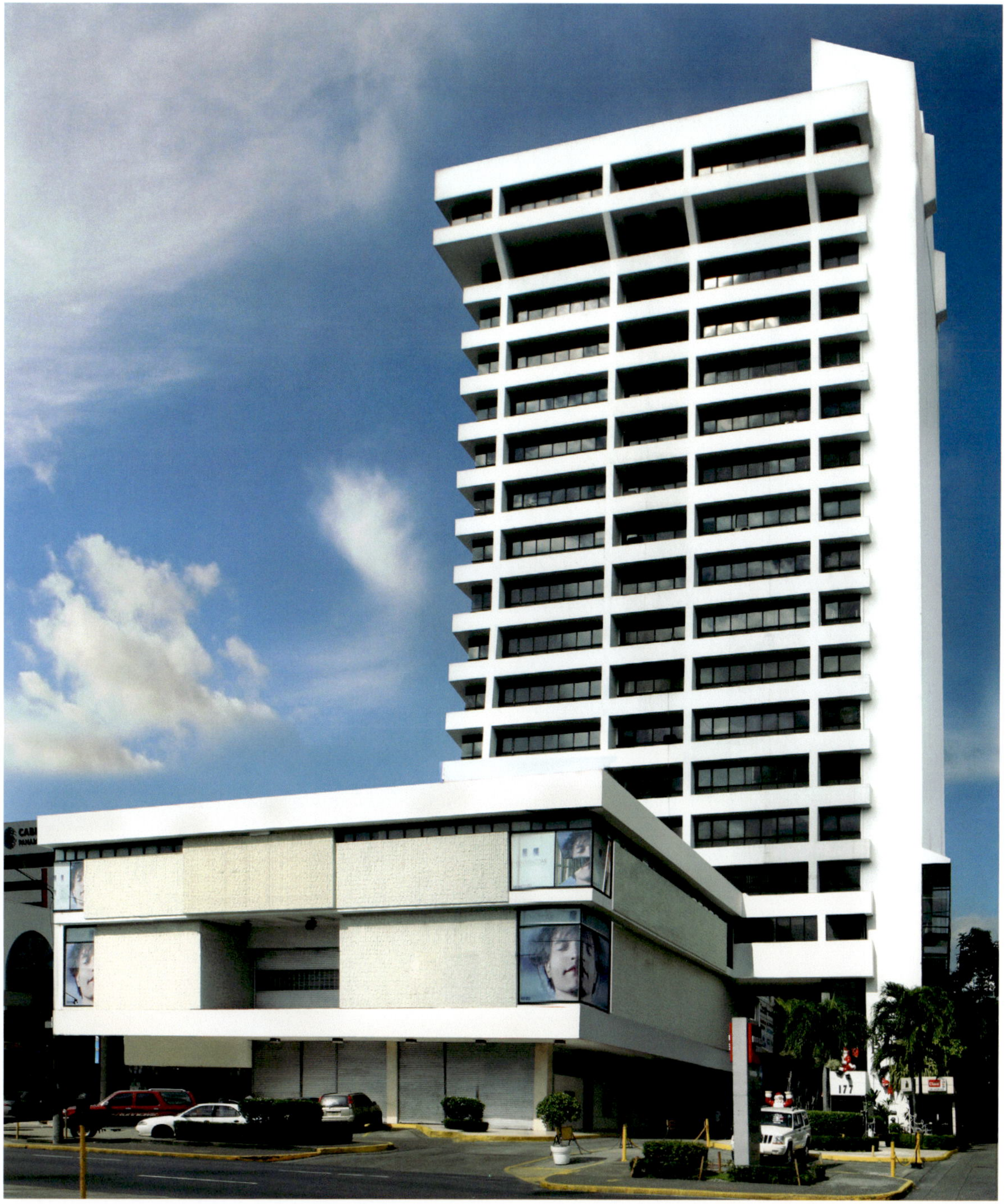

# IRRHE electric power distribution center
## Centro de Despacho del IRRHE
1974

When requested to design a building to house the country's main power distribution control center, the task was not merely to shape the physical plant for its main function but also to design the only part of the power system that can be shown to potential visitors. Unlike most power plants and dams, which are all far away from the capital, this facility is in the city.

The design of this small two-story project shapes the volumes according to the functional requirements. The predominant material is exposed concrete, a finish that, though common in many Latin American countries, is unusual and difficult to achieve in Panama, especially in a governmental project.

An observation room gives an overview of the operations without visitor access to the control room.

Al ser solicitado el diseño de un edificio que cobijara los controles principales del sistema estatal de distribución de energía eléctrica del país se confrontaba un elemento que, además de sus funciones vitales, presentaba casi la única parte del sistema energético estatal que pudiera ser mostrada a eventuales visitantes, ya que las unidades generadoras y las represas quedan todas muy distantes de la capital, en tanto que este proyecto se ubica dentro del radio urbano capitalino.

Siendo pequeño el proyecto, y de apenas dos niveles, el diseño moldea los volúmenes en una serie de formas cuyo acabado es en hormigón visto, un recurso que contrario a otros países latinoamericanos no es usual en Panamá y cuya ejecución por ello presenta retos muy difíciles de resolver, sobre todo en una obra gubernamental.

Un cuarto de observación permite divisar la sala de control, sin dar acceso a ésta a los visitantes.

119

## 120
**Richard** Holzer

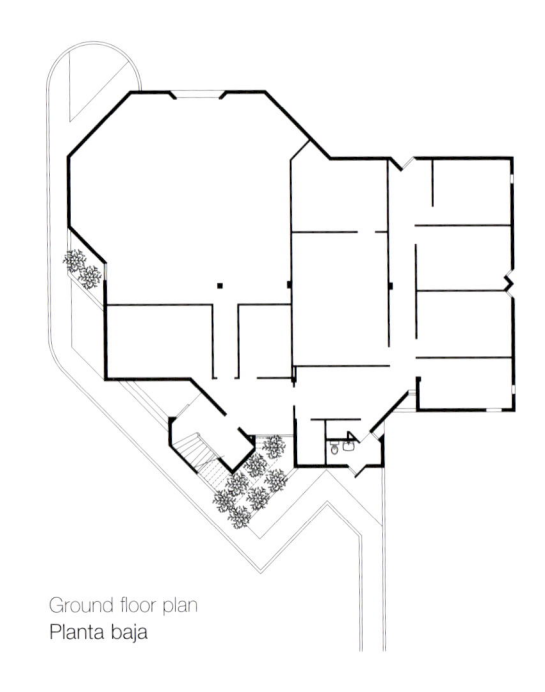

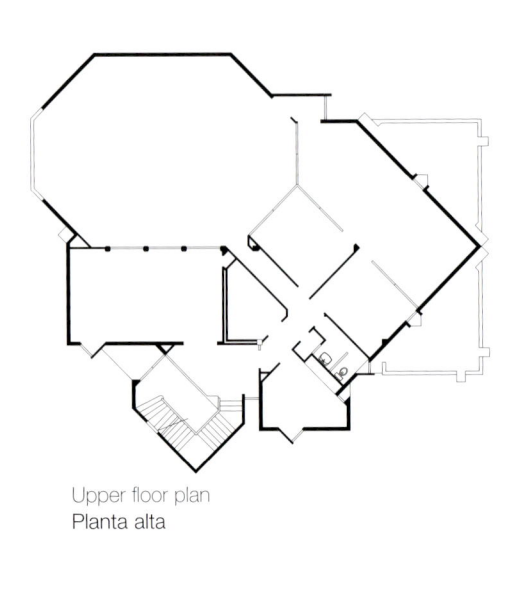

Ground floor plan
Planta baja

Upper floor plan
Planta alta

121

# National Bank of Panama Headquarters
## Casa Matriz del Banco Nacional de Panamá
1976–1977

On a site facing one of the main arteries of the city, this headquarters for the official bank of the Government of Panama is in a complex containing another office building as well as a private bank. When the architect was called in to convert the just-purchased tower into the bank's headquarters, the complex and its towers were already far advanced in construction. The redesign included a number of structural interventions as well as the interior design of all the bank-occupied spaces, but the existing exterior remained unchanged.

The redesign included the insertion of two additional elevators and one additional stair, which runs through all floors and provides interior pedestrian communication, especially between adjacent floors, as well as a necessary second exit. A large section of the second floor was removed in order to create a two-story banking hall as befitting the country's principal financial institution.

In this space the architect re-introduces a material that had been long forgotten in Panama: natural granite, here used black with white marble strips relating to the teller lines.

Ubicado en una arteria principal de la ciudad de Panamá, en un complejo de dos torres y un banco privado, el Banco Nacional—banco del estado Panameño—adquirió la torre cuando ésta ya estaba en la última etapa de su construcción. Encargado de habilitar la torre para uso como Casa Matriz del Banco, el Arquitecto le introdujo una serie de modificaciones a la obra y diseñó todos los interiores respetando, sin embargo, el exterior.

El diseño introduce dos ascensores adicionales y una escalera de intercomunicación y seguridad, a la vez que elimina un amplio sector del primer alto convirtiéndolo en un entrepiso de la nueva sala bancaria, dándole a esta la prestancia que requiere la primera institución bancaria de la nación.

En esta sala se reintrodujo a Panamá un material que había quedado en el olvido total: el granito natural, aquí usado en el piso en negro africano con rayas de mármol blanco.

The front of the tellers' counter is of white marble with a carved design evoking local art of pre-Colombian times. The counter design achieves safety without resort to the customary tellers' cages so as to be as user-friendly as possible.

The newly inserted interior stair becomes a sculptural element in this space. Its railings, as well as those surrounding the newly created mezzanine well, are of tempered glass with no metal showing other than the stainless steel handrail, at the time a novelty not previously attempted in the country.

El frente del mostrador se acaba con planchas de mármol cuya superficie tiene en alto relieve motivos tomados del acervo cultural del istmo pre-hispano. Las dimensiones del mostrador son tales que se hacen innecesarias las usuales barreras altas entre usuarios y funcionarios del banco, proyectando un aspecto amigable al público.

La nueva escalera se convierte en un elemento escultural, en su arranque en la sala bancaria, y su baranda al igual que la del entrepiso, desarrollada sin otro elemento de metal que

## 124
**Richard** Holzer

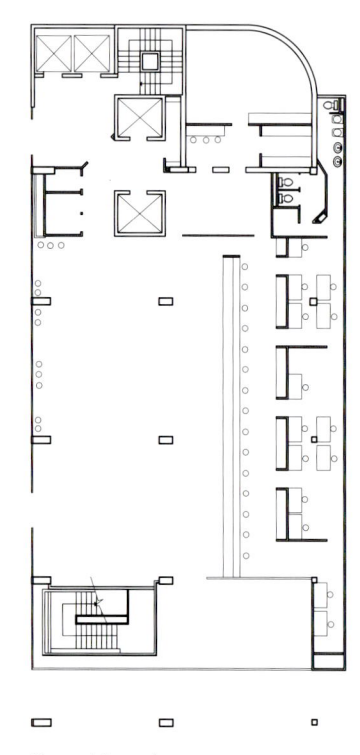

Ground floor plan
**Planta baja**

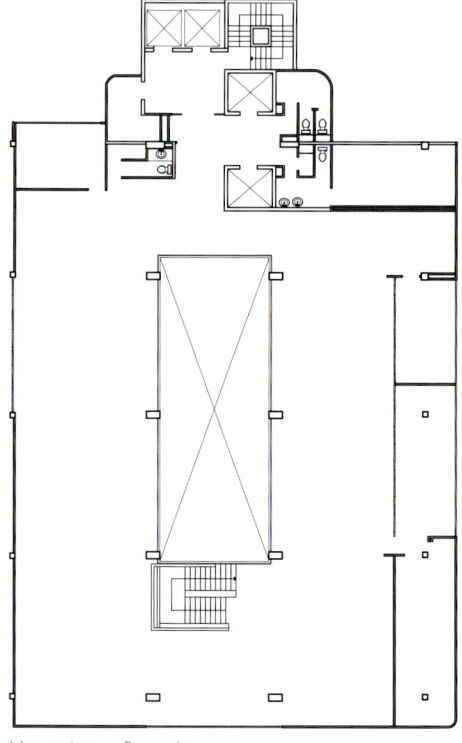

Upper tower floor plan
**Planta primer alto**

Top executive floor
Piso gerencia general

Since at the time the bank did not require the use of all floors, it was accommodated in the upper half of the tower, with top management on the top floor, and the lower half of the tower independently accessible and available for lease until needed.

The offices are laid out with system furniture, another novelty in Panama at the time. The executive offices are detailed and furnished in a contemporary, modernist manner, elegance being achieved through generous proportion, quality finishes, and quality furniture.

el pasamanos de acero inoxidable pulido constituyó en su momento una novedad radical en la plaza.

Como quiera que el banco no requería en el momento en este edificio más que la mitad de los pisos, se colocaron las oficinas ejecutivas en los últimos pisos, seguido de las demás dependencias del banco. Entre éstos y las zonas públicas en la planta baja quedaron pisos disponibles para ser alquilados a terceros hasta tanto sean requeridos por el banco, accesibles sin pasar por éste.

Los pisos de oficinas se desarrollan con muebles de sistema, otra novedad en Panamá en ese momento. Las oficinas ejecutivas se diseñan en un claro estilo modernista, con la elegancia lograda mediante amplias dimensiones, y acabados, y muebles de calidad.

# Concordia Plaza Shopping Center
## Centro Comercial Plaza Concordia

1977–1979

This downtown shopping center caters to the mid- to low-income market of the employees of the nearby office buildings, banks, and hotels. This led to a design that encourages natural ventilation and permits non-air conditioned circulation spaces.

While the pedestrian bridge was part of the design, it did not include the sign affixed to it later. The pedestrian bridge over the heavy traffic of the main street is an intrinsic element of the parti and leads directly to the upper story. The ground floor is raised a half story to produce two levels of shops facing the street and to minimize the ramp leading to the parking areas.

Architect Miguel Angel Caparó collaborated in the development of the concept.

Este es un centro comercial ubicado en el centro de la ciudad.

Es un complejo de muchos locales pequeños, acorde con el mercado de empleados de la cercana área bancaria, de oficinas y hoteles. Con un mercado de bajos precios, las áreas de circulación se diseñaron y funcionan con suficiente ventilación natural como para poder prescindir del aire acondicionado.

Si bien el puente peatonal era parte del diseño, no lo fue el rótulo adherido sobre éste más tarde.

El puente peatonal forma parte intrínseca del partido desde el inicio, y entrega directamente al piso superior. La planta baja se eleva medio piso sobre la calle para producir dos niveles de locales comerciales frente a esta y disminuir la rampa de ingreso a los estacionamientos.

En el desarrollo del concepto inicial del proyecto colaboró el Arq. Miguel Ángel Caparó.

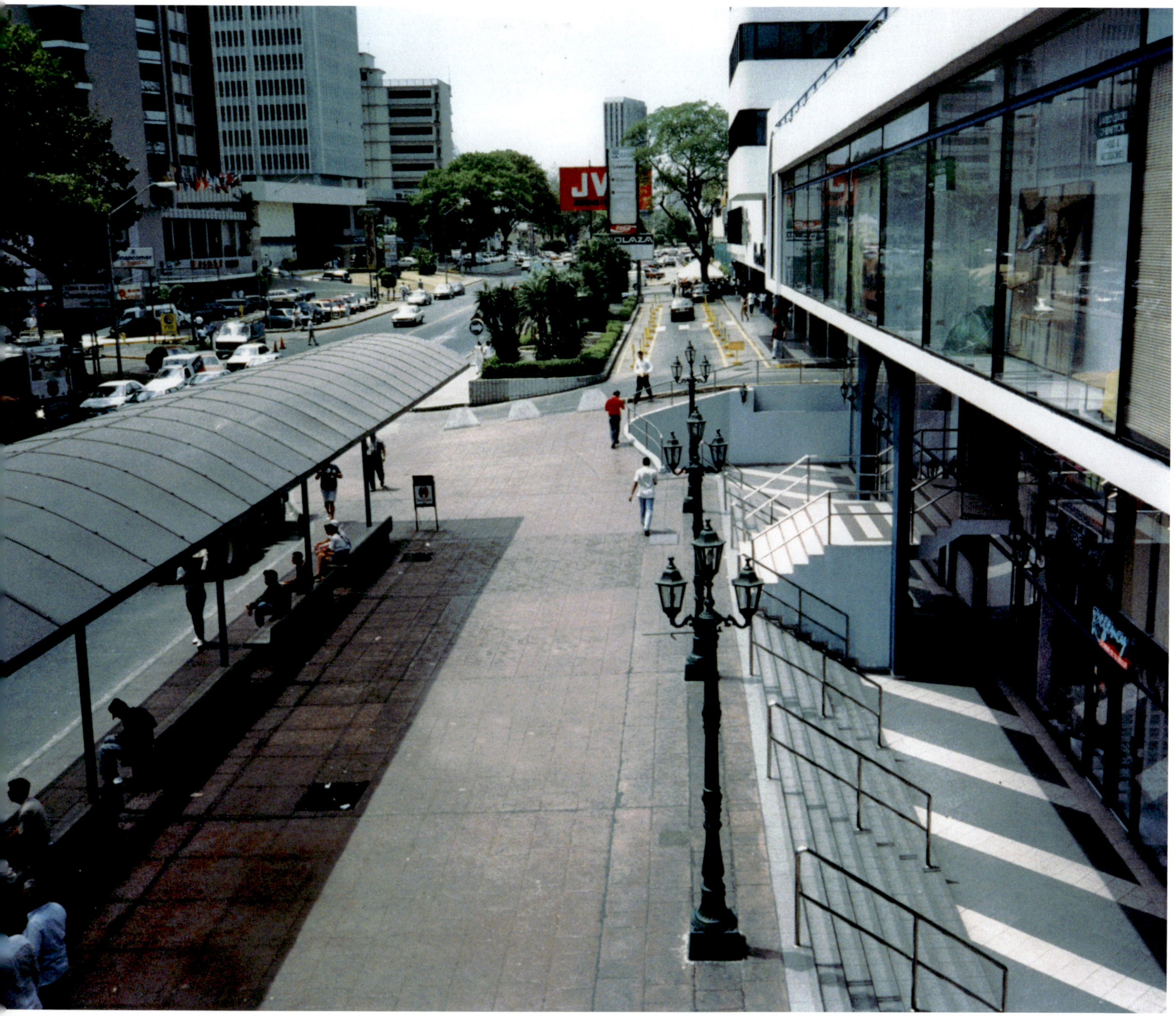
JV
PLAZA

## 128
**Richard** Holzer

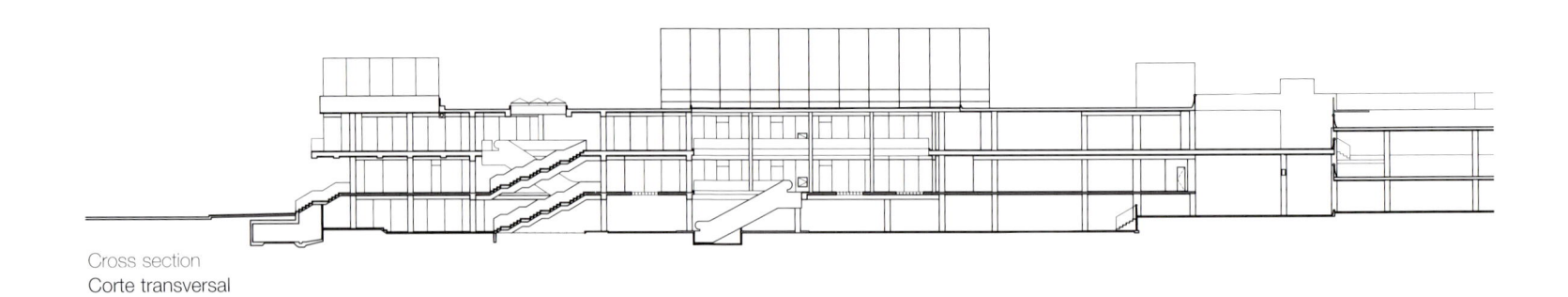

Cross section
Corte transversal

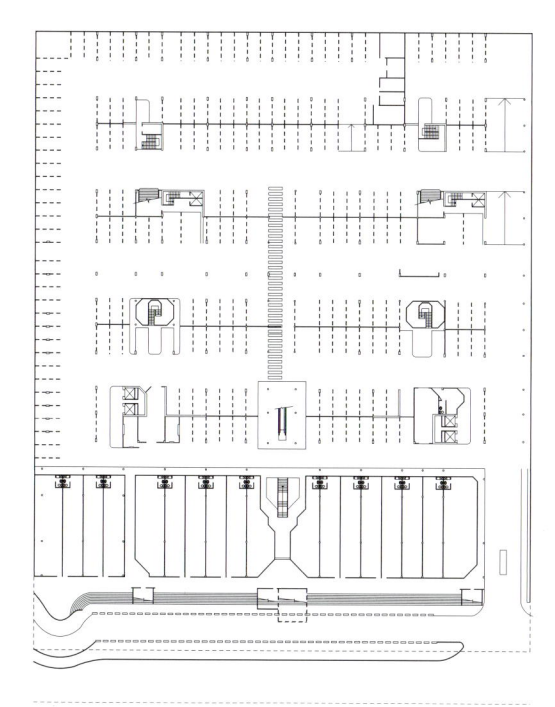

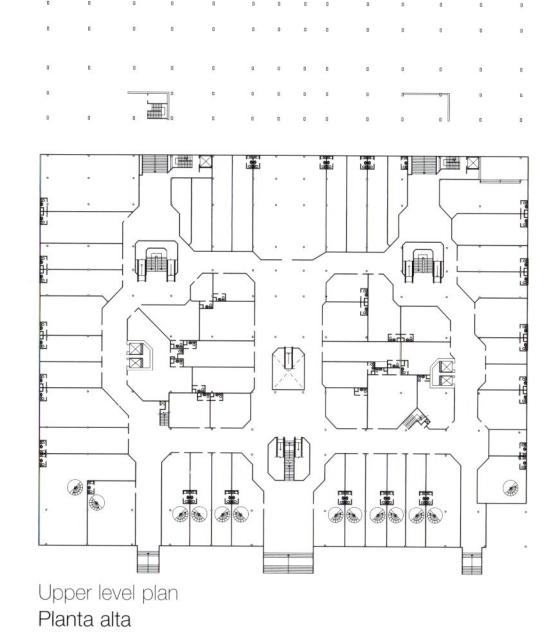

Ground floor plan
Planta baja

Upper level plan
Planta alta

# Granada Hotel
## Hotel Granada
1977–1998

This project started quite modestly as a "pensión"—a bed and breakfast—in 1977. Even during its initial construction, the owner was enthusiastic about the design and ever since additions and improvements have been added every few years.

When suddenly a casino was required, the porte-cochère was redesigned to support it on top. As time passed, the building was lengthened, then a floor was added, always increasing the number of rooms. This of course led to additional infrastructure and more public spaces.

The acquisition of the neighboring properties on one side made some of these additions possible and also produced a design for a much greater expansion, involving a many-storied atrium, a relocated casino, large common spaces integrated with the pool area, and enlarged function facilities. The construction of this phase is still pending though in the meantime an exterior elevator was added to improve the vertical circulation, which had been sized for a much smaller facility.

Este proyecto, ubicado en un barrio de edificios de apartamentos de mediana altura, se inició en 1977 sin más pretensión que ser una modesta pensión. Ya durante la construcción inicial el entusiasmo hizo crecer el proyecto y, desde entonces, periódicamente se han hecho mejoras y adiciones.

Así, cuando hubo que adicionar un casino, se diseñó una puerta cochera especial que a la vez sostuviera el volumen del casino. A medida que pasaba el tiempo se alargó el edificio, luego se añadió un piso, siempre incrementando el número de habitaciones. Esto a su vez implicaba más infraestructura y mayores espacios públicos.

La adquisición de la propiedad adyacente facilitó algunas de esas expansiones y produjo un proyecto de una expansión aún mucho mayor, con un atrio de altura total, un ca-sino reubicado, grandes espacios públicos, la integración de la piscina a esas áreas, etc. Esta adición aún está pendiente pero mientras tanto se añadió un ascensor panorámico para mitigar la deficiencia de circulación vertical, pensada para un hotel de muchísimo menor tamaño.

131

# 132
**Richard** Holzer

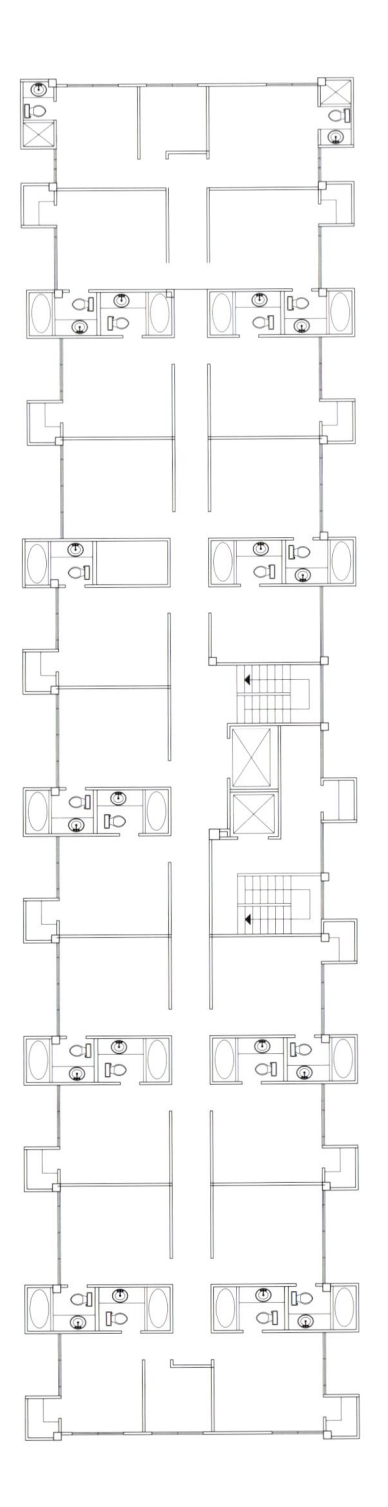

The narrowness of the original lot resulted in an unusual floor layout, with the bathrooms between the rooms, a condition that is expressed in the esthetics of the exterior.

Lo angosto de la propiedad original obligó a una planta que difiere de la usual en que los sanitarios se ubican entre las habitaciones, lo cual es explotado en la solución de la plástica del exterior.

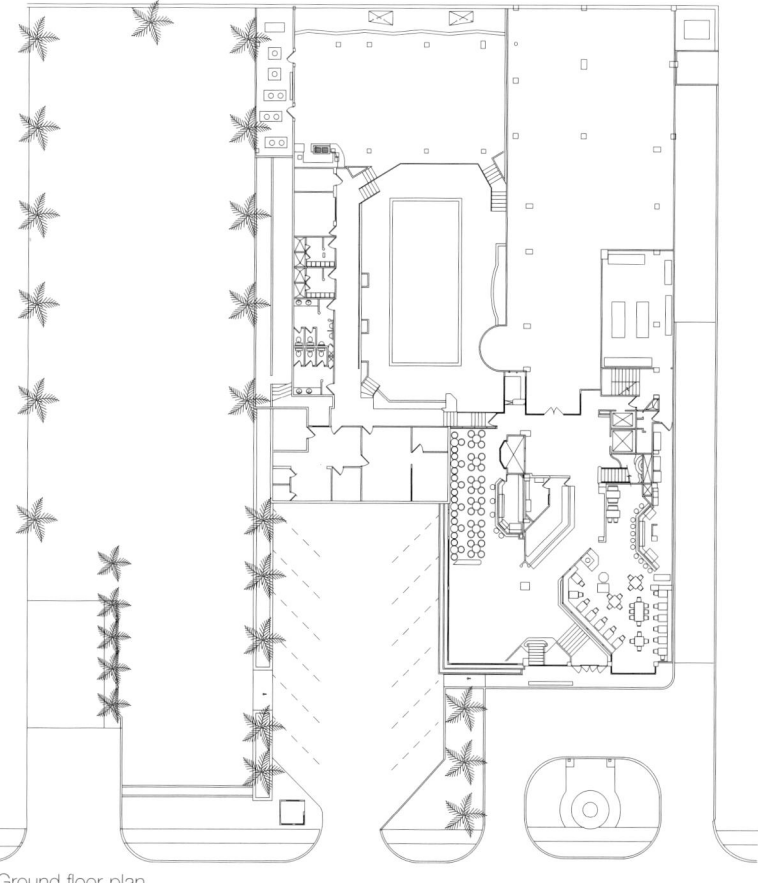

Ground floor plan
Planta baja

# Union Bank Tower
## Torre Banco Unión
(Today HSBC Tower **Hoy Torre HSBC**)
1979

This project, the result of an invited competition, is for an office building with a 750-square-meter floor plate, 20 floors, plus a ground and second floor for the bank that owns the building.

The design came about in response to the existing built environment, especially the neighboring office building, higher than this one, though with a much smaller floor plate. To avoid windows facing directly into those of the adjacent building, the floor plan was turned 45 degrees, a device that also made one side of the building face squarely toward a magnificent view of Panama Bay. To facilitate, if necessary, the division of a floor into two separate offices, the floor plan was shaped into two major spaces with a connecting link.

The resulting floor plan gives rise to the rest of the design: the volumes resulting from the 45-degree turn are emphasized and the top of the building is terminated with three smaller levels, producing the appearance of three vertical, slender "towers."

Este proyecto, resultado de un concurso privado, es de un edificio de oficinas de 750 m2 por planta, de 20 plantas más una planta baja y primer alto para el banco propietario.

La solución fue el resultado de consideraciones del entorno ya construido. Inmediatamente al lado ya se encontraba un edificio de oficinas de mayor altura que el propuesto, aunque de mucho menor metraje por planta. Para evitar ventanas frente a las del vecino la planta se giró 45 grados, lo cual tiene la ventaja adicional de presentar un frente a la vista hacia la Bahía de Panamá. Para facilitar la eventual división de un piso en dos oficinas separadas, la planta fue estructurada como dos bloques con un elemento de unión.

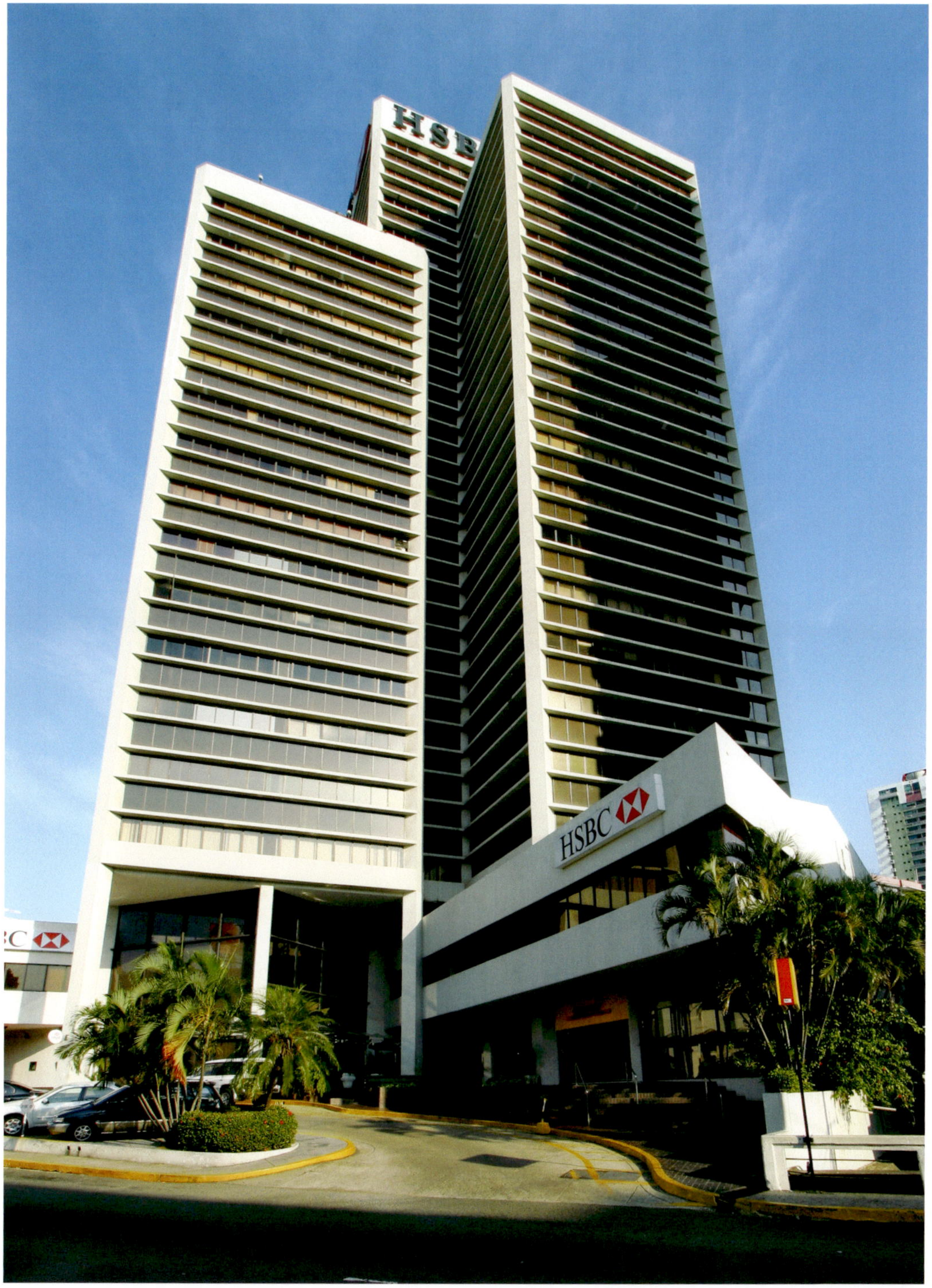
HSBC
HSBC

To avoid being dwarfed by the height of the neighbor, in addition to the vertical modulation of the volumes, the exterior columns were brought down all the way to the ground uninterrupted and the sun break ribs were spaced at half-floor height so that it would seem there are twice as many floors as there really are, producing an uncertainty that fosters a feeling of greater height.

The project is completed by a triangular spiral parking garage.

A partir de estas consideraciones de planta surge el resto del diseño: los volúmenes resultado del giro a 45 grados se enfatizan y la terminación superior en tres niveles más pequeños produce el efecto de tres torres esbeltas, etc. Para evitar una apariencia baja al lado del vecino alto, se llevan las columnas vistas hasta la tierra y se usa un elemento protector del sol modulado de tal forma que pareciera que hay dos veces el número de pisos que realmente hay, produciendo una incertidumbre cuyo efecto es una mayor impresión de altura.

Un garaje triangular en espiral completa el conjunto.

Cross section
Corte transversal

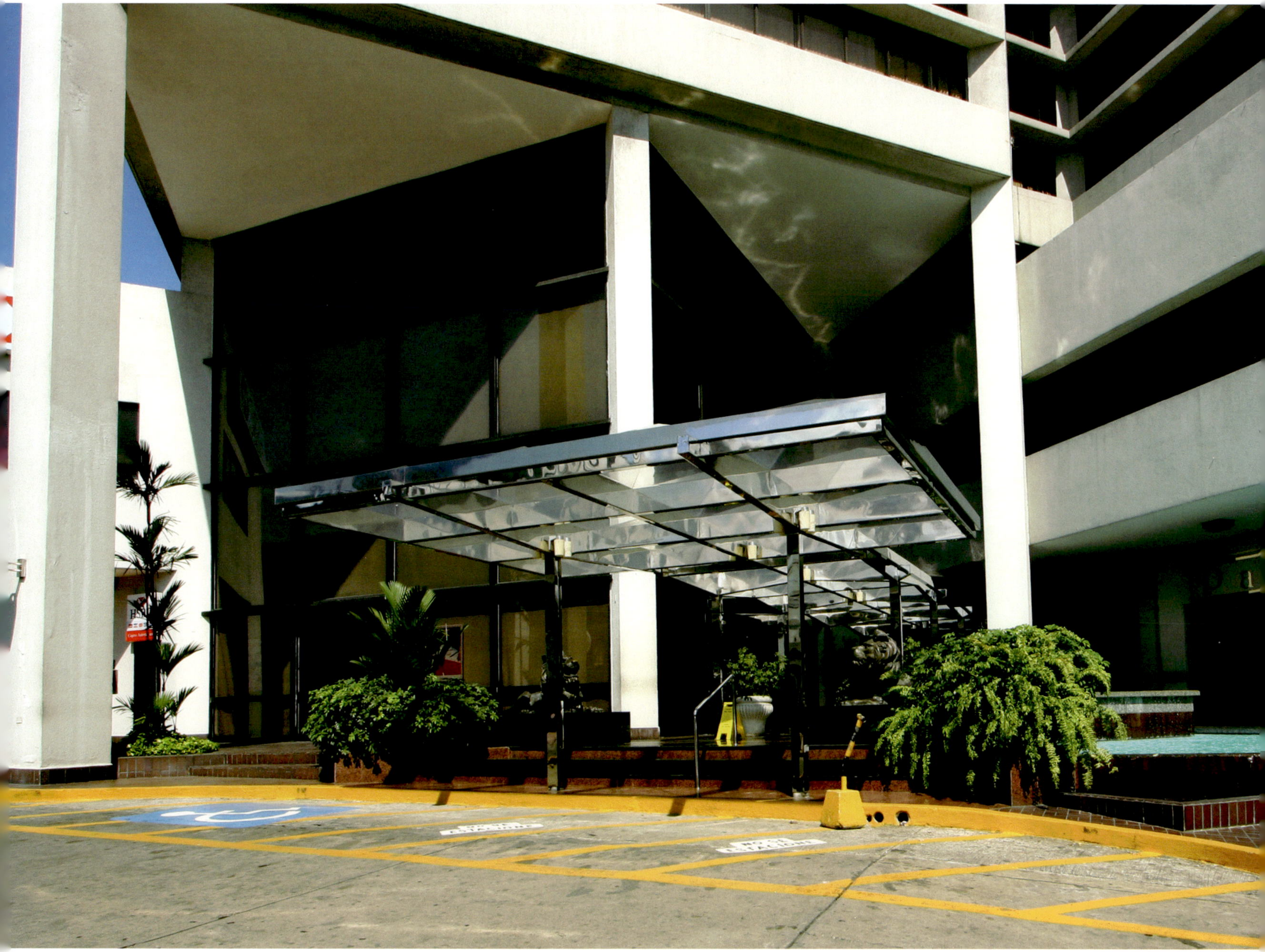

138
**Richard** Holzer

Ground floor plan
Planta baja

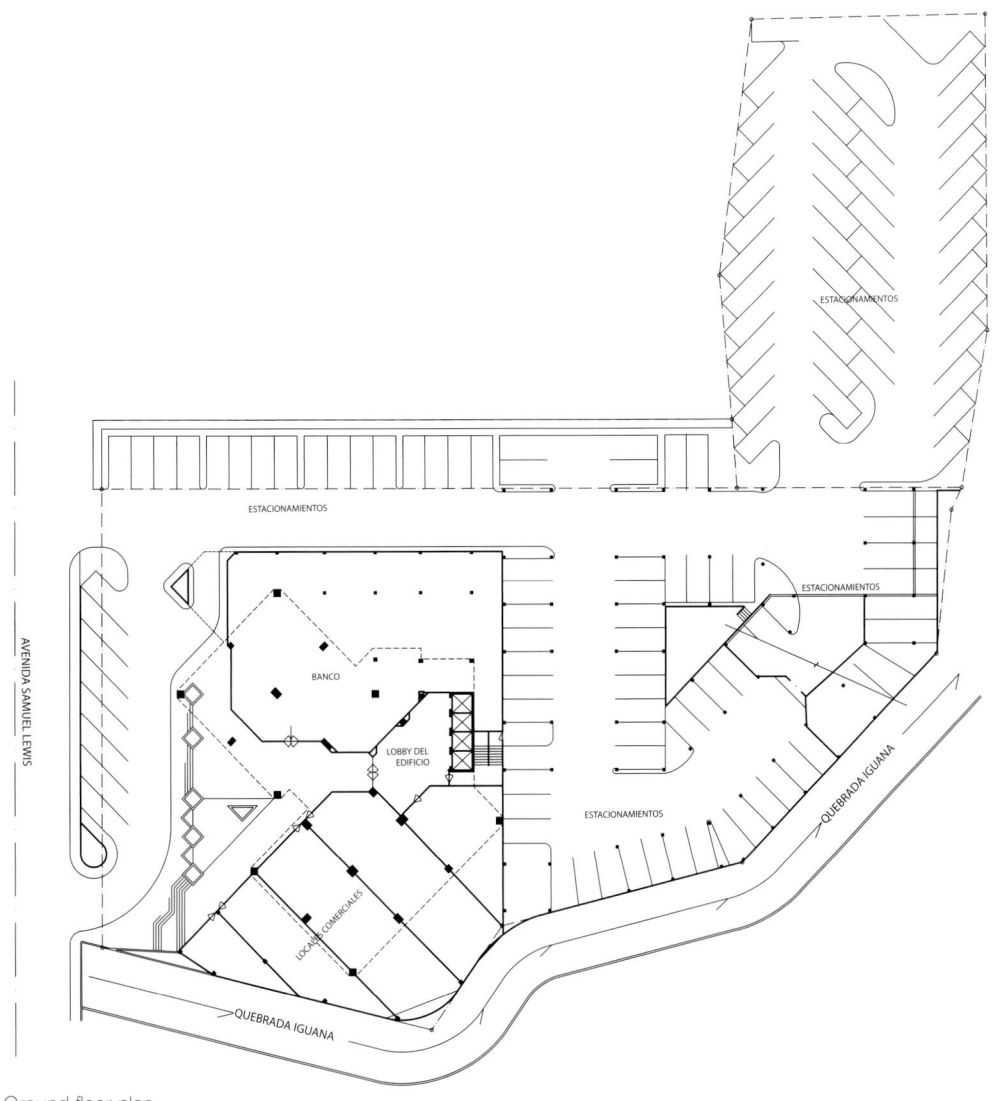

Floor plan, levels 10–14
Planta niveles 1800 a 1900

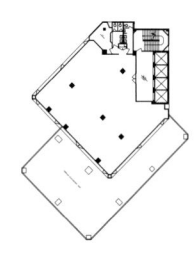

Floor plan, levels 15–17
Planta niveles 1500 a 1700

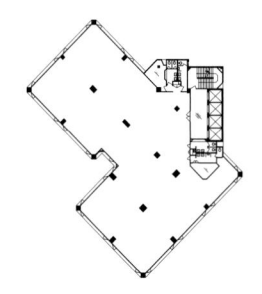

Floor plan, levels 18–19
Planta niveles 100 a 1400

# Citibank Operations Headquarters
## Edificio Sede Operativa del Citibank
1986–1990

The purpose of this building is to house the consumer operations of the bank in Panama.

A retail branch on the ground floor and provision for expansion complete the program, which is resolved on two main floors, with provision for a future third floor.

The second floor is cantilevered beyond the first floor and is in turn protected by its cantilevered roof. The considerable thickness of construction is a result of the use of an access floor throughout. The structure and mechanical and lighting

La función principal de este edificio es alojar todas las actividades de soporte y operaciones de la banca del consumidor en Panamá de este banco de alcance mundial.

Una sucursal en la planta baja y la posibilidad de expansión completan el programa.

Este último se desarrolla en dos grandes niveles, con previsión para la adición de una tercera planta.

El primer alto se proyecta sobre la planta baja produciendo un área techada sobre los cajeros de automóviles.

El diseño exterior es resultado de la preocupación de lograr amplia protección para la cinta continua de ventanales.

El segundo nivel se extiende más allá del primero y grandes proyecciones de techo dan la protección deseada. La altura

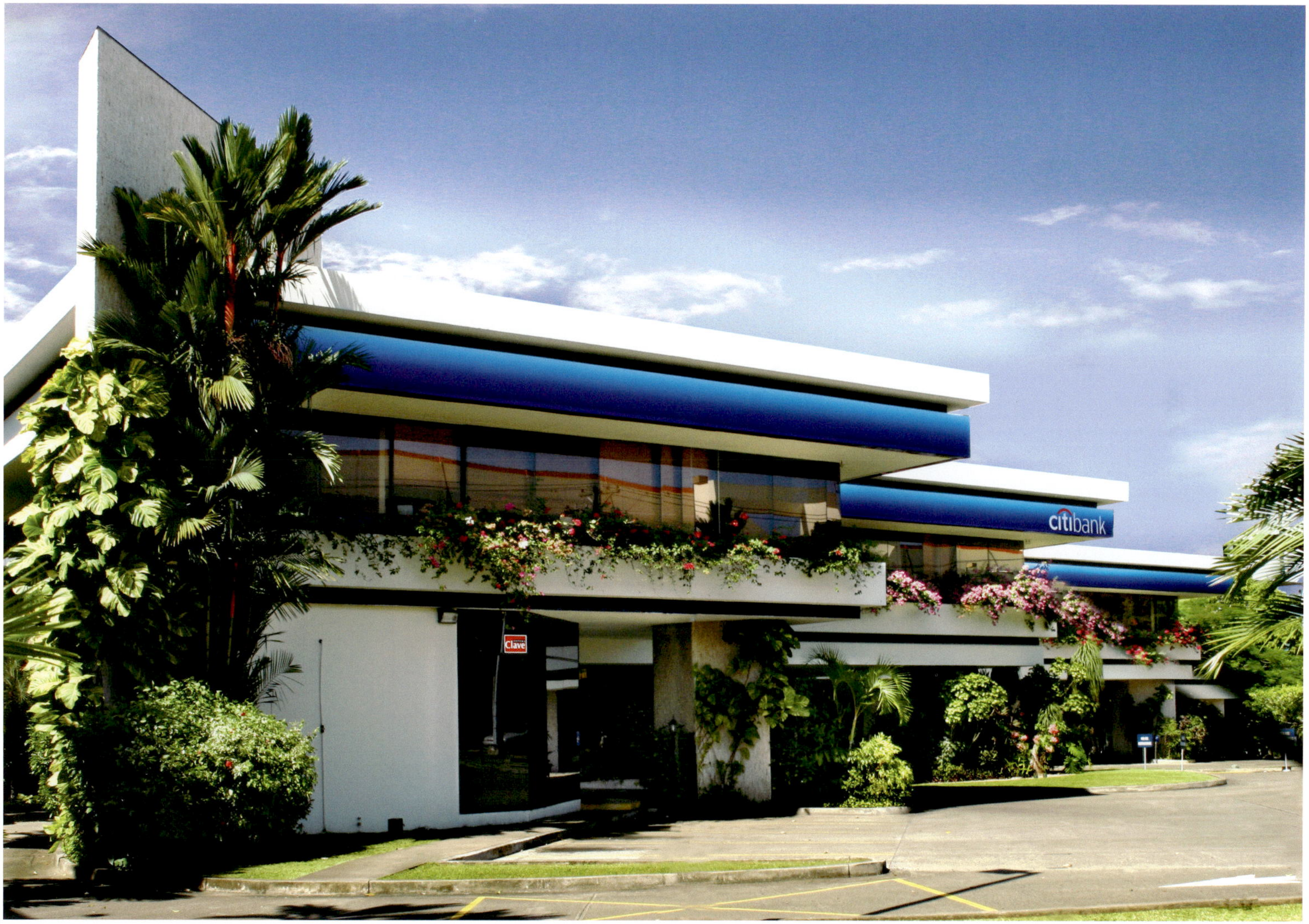
citibank
Clave

installations are reflected on the exterior by various horizontal bands that give rise to a sculptural cross section expressed with a recessed strip of glazed ceramic tile. (Upon the owner's change of its corporate identity to one based on a blue stripe, one of these bands was appropriated for this purpose.)

de la construcción de cada piso, resultado del espacio requerido para conductos de aire, de electricidad y luminarias, de rociadores y para el piso accesible que caracteriza todo el proyecto, da por resultado franjas anchas proyectadas sobre las bandas de vidrio que se moldean con un perfil recesado de cerámica vidriada.

(Al cambiar el dueño su identidad comercial a una franja azul continua, convirtió una de esas franjas en su logo).

Upper floor plan
Planta alta

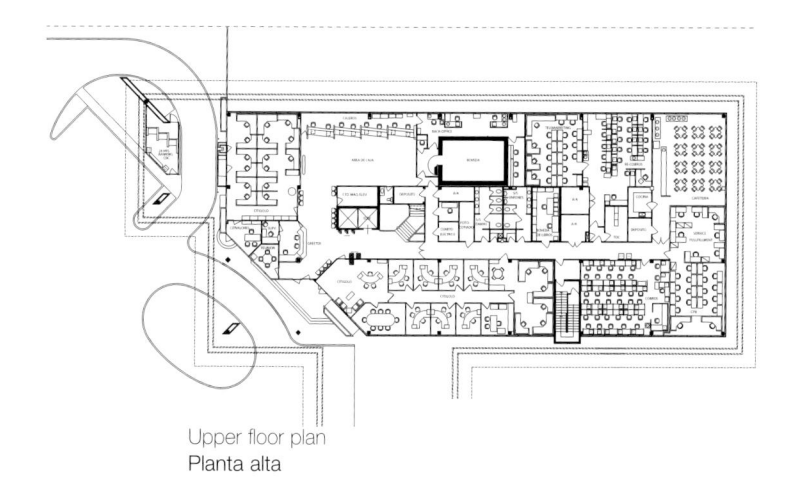

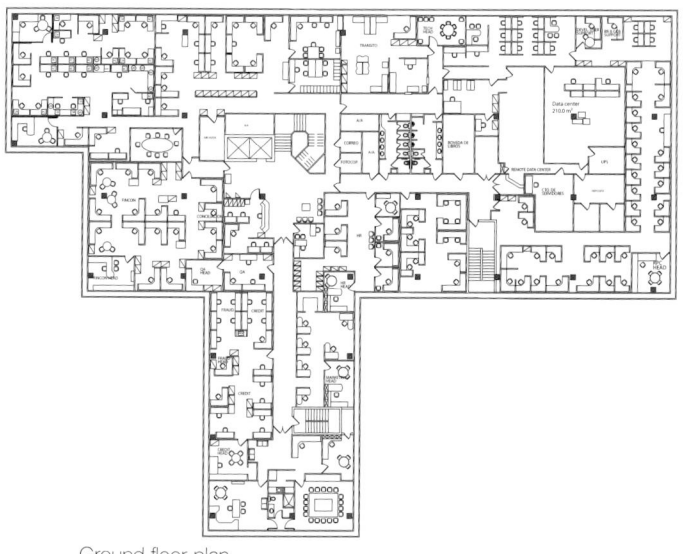

Ground floor plan
Planta baja reformada

Basement floor plan
Planta sótano

The entire building has a raised floor, which facilitated the many changes the interior has undergone. The original layouts shown here have since been transformed many times.

El edificio entero esta dotado de un piso elevado, el cual ha facililtado los muchos cambios que el interior ha sufrido. El reparto original que aquí se muestra ha sido transformado repetidas veces desde entonces.

# Plaza New York Shopping Center
## Centro Comercial Plaza New York

1987–1988

An office tower project was designed for this long and narrow property (see the Hartford project, page 204). When the deal with the bank which was to be the main tenant fell through in view of the political and economic conditions prevailing at the time, the scope of the project was reduced to just a strip center.

In order to make better use of the property, the architect added a second floor of rental offices.

The required parking for the shops was placed directly in front, as per local preference, while the office parking is on the second floor, accessible via a ramp.

The long frontage is broken up with distinctive volumes at both ends and the center where, in a small covered plaza, the designer created as a special feature a sculpture based on the initials (NY) of the center's name. (Years later, commercial criteria overpowered all esthetic considerations and the logo was replaced with an ice cream kiosk.)

En esta parcela, larga y angosta, se había diseñado una torre de oficinas (ver Proyecto Hartford en página 194). Al fallar la negociación con el banco que iba ser el prinicpal usuario del complejo, reflejando el momento político-económico del país, se abandona la idea de construir un edificio alto y el programa del proyecto se reduce a la construcción de una serie de locales comerciales.

Para lograr una mejor utilización de la propiedad, el arquitecto introduce un segundo nivel dedicado a oficinas. Los imprescindibles estacionamientos se ubican en planta baja directamente frente a los locales comerciales, en reconocimiento de la preferencia local, en tanto que los estacionamientos para las oficinas se colocan al nivel de éstas accesibles por una rampa.

El largo frente se rompe con volúmenes diversos, en ambos extremos y en el centro del proyecto, donde en una pequeña plaza se ubica a manera de escultura un logo tridimensional, diseñado por el arquitecto como parte del proyecto. (Años más tarde, el predominio del criterio comercial sobre lo estético sería reiterado al reemplazarse la escultura con un quiosco-heladería).

145

# Bank of Honduras
## Banco de Honduras
1987–1989

This bank headquarters is located in Tegucigalpa, the capital of Honduras. The property is on a steep hill. In spite of its relatively small size, the project is designed in a contemporary architectural vocabulary expressive of its institutional character. The design is based on robust volumes that allude to the country's pre-Hispanic Mayan heritage.

The topography results in a three-level solution, with support spaces on the lower level, banking and public spaces on the main ground floor, and executive offices on the second.

Este edificio es la casa matriz del banco en Tegucigalpa, Honduras. Ubicado en una loma empinada, introduce un lenguaje arquitectónico contemporáneo, expresivo de su función a pesar de su poco tamaño, sobre todo visto desde el área de acceso. Los volúmenes, relativamente robustos de la plástica, evocan de cierta manera aspectos de la arquitectura Prehispánica Maya que constituye una importante herencia cultural del país.

La topografía da lugar a una solución

149

The banking hall is double height, with the second floor reading as a mezzanine. A skylight runs along the center of the building and accents its interior articulation while flooding the interior of the building with daylight.

The architect's work here included the interior design.

en tres niveles, con espacios de soporte en el nivel inferior, la sala bancaria y espacios operacionales en el nivel principal y las oficinas ejecutivas en el nivel superior. La sala bancaria se resuelve en doble altura de modo que el nivel superior se lee como entrepiso del nivel principal. Un tragaluz corrido acentúa esta articulación y permite la penetración de luz natural a lo que de otra manera seria una planta oscura en su zona central.

El trabajo del arquitecto en este caso incluyó toda la arquitectura interior.

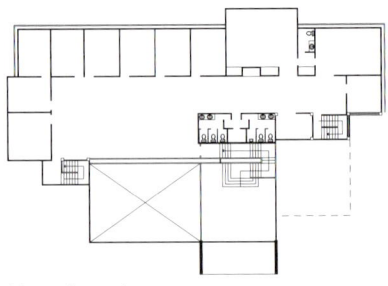

Upper floor plan
Planta alta

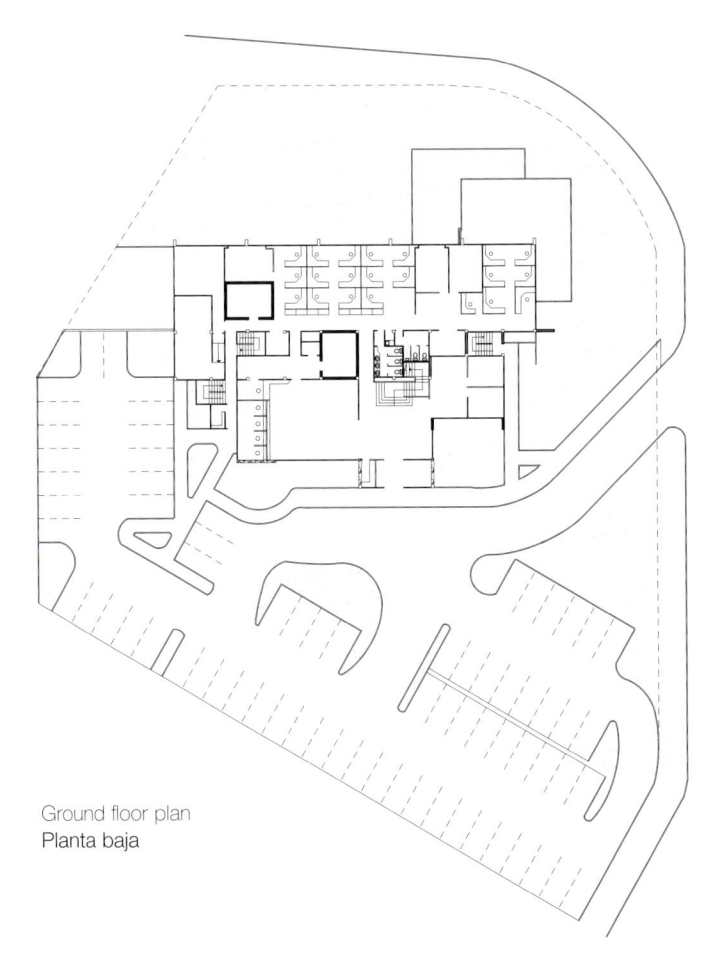

Ground floor plan
Planta baja

# Crillón Building
## Edificio Crillón
1989–1991

Twenty years after the Diplomático building, a similar project was developed on an urban site on the shores of the Pacific Ocean, on a lot of only 40 x 40 meters (131 x 131 feet) albeit with 535 square feet more per unit. It includes a recreational area with swimming pool, much greater parking facilities, and a service elevator.

In view of the success of the Diplomático, the floor plan grew out of that same partie, emphasizing the terraces facing the ocean, but designed so that those desiring to sacrifice the terraces in exchange for a much larger living room could enclose them in accordance with a previously determined design.

Only a small setback separates this building from its neighbors on each side, which are of roughly equal height. This lateral space is treated much as the light and air wells of other times, and the floor plan is arranged so that there is no awareness of the proximity of neighbors, no loss of privacy, and no effect on the views from the apartment.

Dos decenios después del Edificio Diplomático se desarrolla un programa semejante en un proyecto ubicado en la ciudad pero en la costa del Pacífico, en un lote de apenas 40 x 40 metros, pero con unidades 50 m2 mayores que aquellas, con un área social con piscina, ascensor de servicio y muchísimo mayor número de garajes.

Dado el éxito del partido del Diplomático, éste se adapta a la propiedad y se enfatizan las terrazas hacia el mar, esta vez diseñadas de manera que aquellos que preferían prescindir de las terrazas a cambio de tener una sala mayor pudieran cerrar éstas según previsión en los planos.

Tan sólo un pequeño retiro lateral separa al proyecto de los edificios vecinos, igual de altos. Este retiro lateral se considera equivalente a los antiguos patios de aire y luz. La planta se dispone de tal manera que esa proximidad no es sentida por los ocupantes del edificio, ni les afecta la vista ni su privacidad.

**152**
**Richard** Holzer

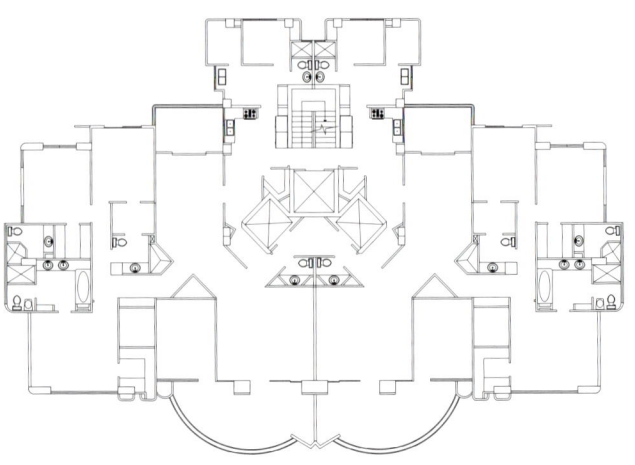

Typical floor plan
Planta típica

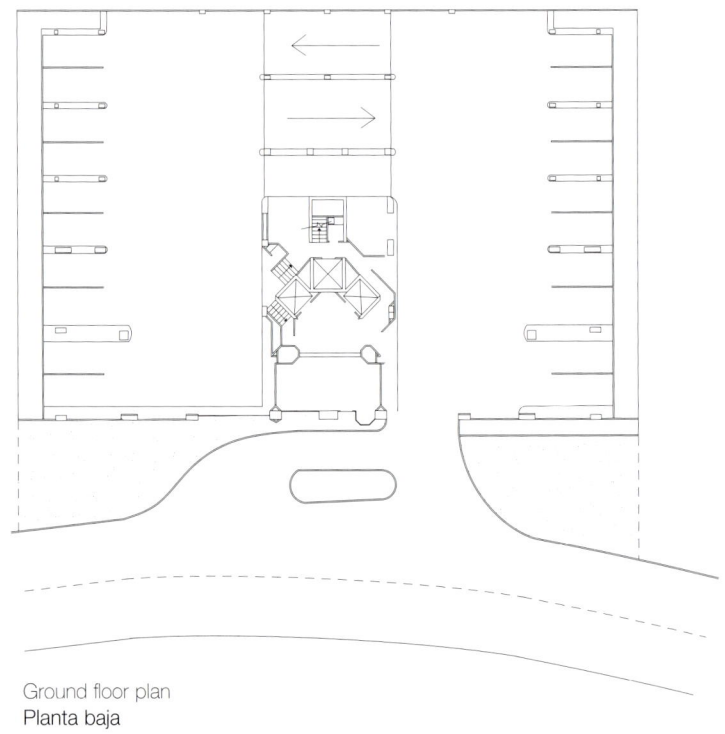

Ground floor plan
Planta baja

# Interfin Bank Headquarters
## Casa Matriz Banco Interfin

(Today Scotiabank Costa Rica headquarters,
**Hoy Sede de Scotiabank Costa Rica**)

1994–1995

This bank headquarters is in San José, capital of Costa Rica. The structure consolidates the corporation's widely dispersed offices in one new building with an important space devoted to customer service.

Otro edificio para un banco, esta vez en San José, capital de Costa Rica.

El proyecto consolida las oficinas dispersas del banco en un sólo edificio nuevo, junto con una importante sección de atención al público.

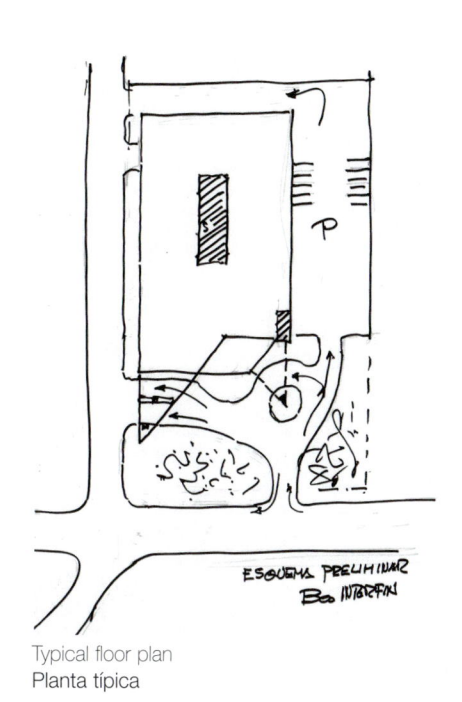

Typical floor plan
Planta típica

**154**
**Richard** Holzer

The program, determined jointly by the owner and the architect, is resolved on four floors and provides for some lateral expansion. On the corner of a main boulevard and a side street, the shape of the building produces a prominent element at the corner of the property, which creates a strong presence on the avenue.

The "prow" of the building creates a shelter for the automobile tellers, while housing the CEO's office on the top floor.

The exterior is painted stucco and thermal glass, designed to emphasize its horizontality. Some of the horizontals penetrate into the interior where they become the edge and railing of the second floor, which is set back from the front of the building to create a two-story public space on the ground floor.

El programa, escrito en base a las necesidades del dueño tal como determinadas en investigación conjunta con el arquitecto, se desarrolla en cuatro niveles y permite cierta expansión lateral. Ubicado en una arteria principal con separador central y una calle secundaria, la plástica exterior se manipula de manera que se produzca un elemento destacado en la esquina de la propiedad, con presencia importante en la avenida.

Esta "proa" produce el techo para los cajeros de automóviles en tanto que en su piso superior es el sitio del despacho del gerente general.

El exterior se resuelve con superficies pintadas contrastando con vidrio térmico de tal manera que se acentúan las líneas horizontales del proyecto. Algunas de éstas continúan del exterior al interior conformando el borde y la baranda del primer alto, el cual se retira de la vidriera frontal produciendo doble altura en el área pública.

# Ahavat Zion Synagogue
## Sinagoga Ahavat Sión
1995–1997

This synagogue, the second designed by the architect for this Sephardic congregation, is focussed on the tebáh (bimah)[1], involving the worshippers in what transpires there, especially the reading of the Torah. As in all orthodox synagogues, the women are accommodated on the second floor, where there is also a multi-use space and the area for the annual construction of the succáh (ritual cabin).

The volumetric expression, intentionally modest on the exterior, creates an interior intended to heighten the worshipper's sense of spiritual elevation; it ascends to a golden lantern exactly above the center of the space and over the tebáh.

Esta Sinagoga, la segunda diseñada por el arquitecto para esta comunidad sefardita, se desarrolla alrededor de la tebáh (bimá)[1], procurando involucrar a todos los fieles en lo que allí acontece, culminando con la lectura de la toráh. Como toda sinagoga ortodoxa, las mujeres se ubican en la planta alta en que también se encuentra un salón de uso flexible y un espacio para armar anualmente la succáh (cabaña ritual).

La plástica, muy modesta en su exterior, desarrolla el espacio interior de manera que induzca un sentido de elevación espiritual en los feligreses, ascendiendo hacia una pequeña cúpula dorada ubicada justo sobre el punto central del espacio, sobre la tebáh.

[1] The Reader's desk and pulpit

[1] el pulpito central

157

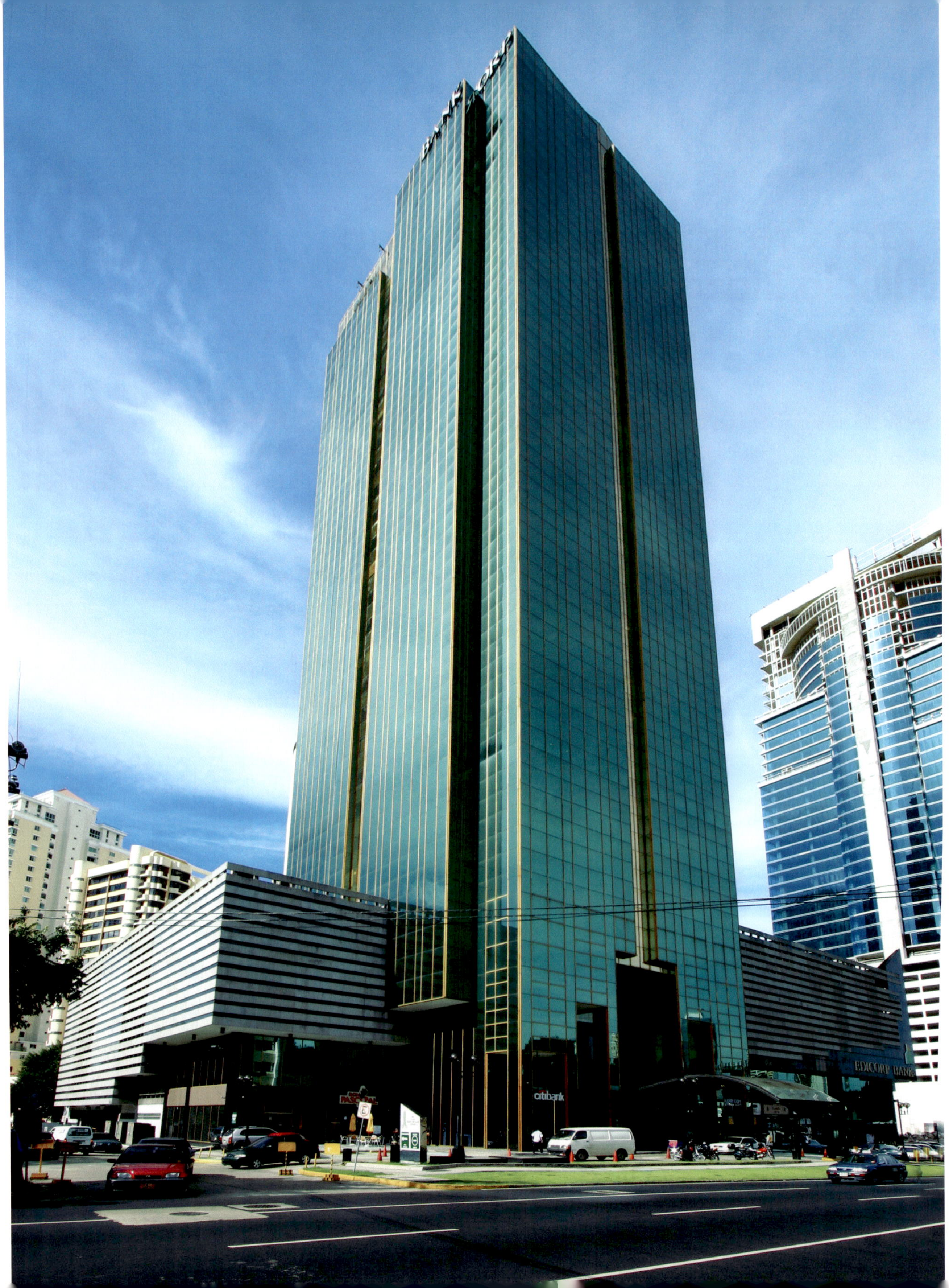
citibank
EDICORP BANK

PLAZA PANAMA
1995

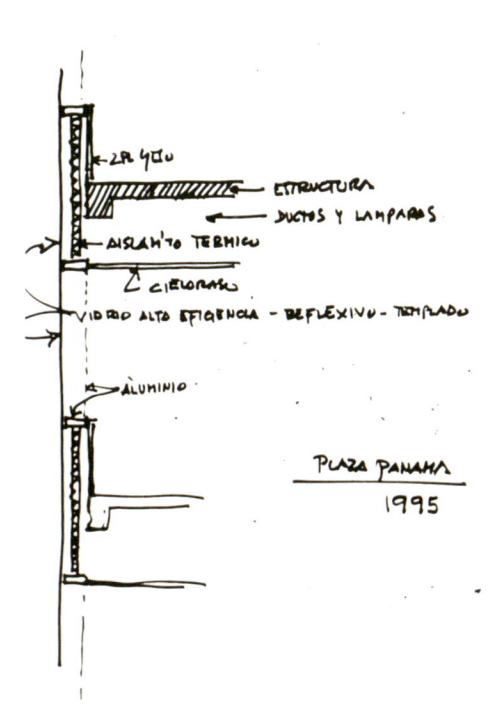

164
**Richard** Holzer

# Melody Building
## Edificio Melody
1997

This small building reinterprets a program already faced in the office building that housed the firm's offices 37 years ago. The small size of the project is compensated by the quality of its details and finish. Aluminum panels clad the masonry and an aluminum structure supports the sunbreaks of solar glass that protect the office windows.

Este pequeño edificio comercial reinterpreta un programa ya encontrado en las primeras oficinas de la firma, 37 años atrás. El poco tamaño del proyecto es compensado por la calidad de sus detalles y acabado. Paneles de aluminio blanco revisten la mampostería y un armazón de aluminio sostiene el quebrasol de vidrio térmico que protege las ventanas de las oficinas.

166
**Richard** Holzer

# Credicorp Bank Headquarters
## Casa Matriz Credicorp Bank
1998

Located in its namesake building, the space for the bank was incorporated into the original design of the tower. The architect subsequently designed all its interiors. Being a rather new bank, the creation of an appropriate image was an integral part of the program.

The exterior design included shaping the glass and granite surfaces to emphasize the bank and its entrance, clearly indicating the extension of the bank on the second floor over some of the other shops.

The public banking area is double-height and features an entrance lobby with curved glass panels with an etched design based on the bank's logo. The palette is one of noble materials: polished granite, polished stainless steel, beveled glass, and varnished wood.

A luminous ceiling is placed over the tellers' counter and the ceiling break over it carries an electronic ticker tape of financial news in real time.

Ubicado en el edificio que lleva el nombre de la institución, el espacio que ésta requiere fue previsto en el proyecto original. Luego se diseñaron todos los interiores. Tratándose de un banco relativamente nuevo, el crear una imagen apropiada era parte intrínseca del programa.

En el exterior se diseñaron elementos tales como las superficies para rótulos y el frente de vidrio, de manera que se destaque el banco y su entrada y se lea claramente en la fachada lo que es banco y lo que corresponde a otros locales.

La sala de atención al público se diseñó de doble altura. Un vestíbulo de ingreso es insinuado mediante pantallas de vidrio curvo con el logo del banco. El conjunto se desarrolla mediante el uso de materiales "finos": granito, acero inoxidable brillado, vidrio tallado y templado, y maderas finas.

Sobre las cajas se coloca un cielo raso luminoso y, frente a este, un quiebre en el cielorraso sirve de fondo a una cinta que da información de la bolsa de Nueva York, en tiempo real.

168
**Richard** Holzer

The upper floor, housing bank operations plus private banking and executive offices, is finished more luxuriously: fine wood panels on the walls, gold-leafed ceiling details, gypsum ceilings, indirect lighting, and a plush carpet create the desired atmosphere of sophisticated affluence.

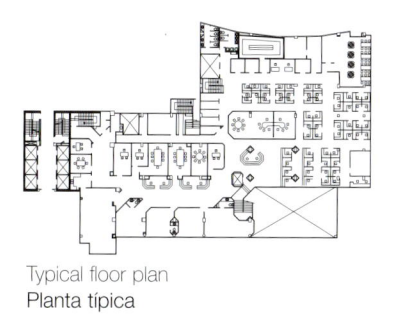

El piso del nivel superior, de administración y oficinas ejecutivas, se termina con materiales más cálidos predominando la alfombra en el piso y la madera en los muebles. En el sector de las oficinas gerenciales y de banca privada la alfombra es más lujosa, las paredes están revestidas de madera fina y el cielorraso se desarrolla alrededor de una bóveda de yeso, cornisas de luz indirecta y revestimientos de laminilla de oro, todo ello para crear un ambiente de lujo refinado.

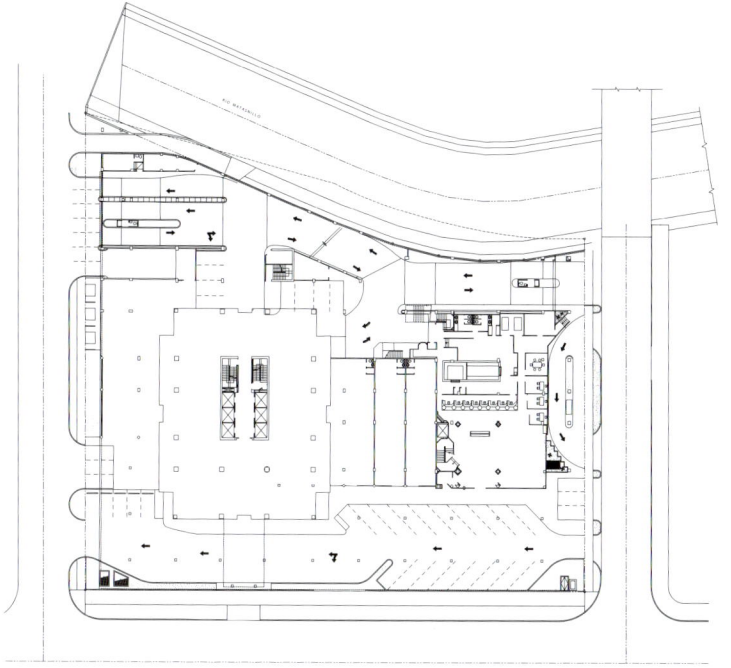

Typical floor plan
Planta típica

Ground floor plan
Planta baja

# Auto Depot Shopping Center
## Centro Comercial Auto Depot
1998

This project is located on an important traffic artery in the suburbs and occupies only a portion of its property, leaving room for future growth and related uses.

The concept is of a shopping center providing all conceivable automobile-related products and services, including sale and installation of accessories, alarm systems, sound systems, tires, batteries, insurance, financing, plus a sampling of the cars available at various dealerships.

The very simple rental spaces are designed so that they can be shops, offices, or repair/installation shops accessible from the cobble-stoned (to minimize run-off) traffic and parking areas. A curved roofed platform is provided for the automobile exhibit.

At the center of the project, two parallel rows of shops and food outlets create a large plaza for a variety of activities. The plaza is covered with a tensioned membrane roof, a first in the country.

El proyecto, ubicado en una vía importante en los suburbios de la ciudad de Panamá ocupa sólo parte de una propiedad mucho mayor y se prevé su eventual expansión.

El centro se conceptúa dedicado a todo lo que tiene que ver con automóviles: venta e instalación de toda clase de accesorios, sistemas de seguridad, de sonido, llantas, baterías, más una exhibición de autos a manera de botón de muestra de lo que las diversas marcas ofrecen en sus respectivas agencias.

Los diversos locales se ubican en una serie de espacios muy simples, aptos para ser usados para ventas, oficinas, o talleres, accesibles desde las áreas pavimentadas con adoquines (para minimizar escorrentía) frente a ellos. Para la exhibición de autos se diseña un elemento curvo techado y elevado.

En el centro del proyecto se colocan dos filas de pequeños locales comerciales, de comidas, etc. que forman una gran plaza para actividades de toda clase. Un techo de membrana tensada cubre la plaza, primera vez que en Panamá se usa este método para cubrir grandes espacios.

171

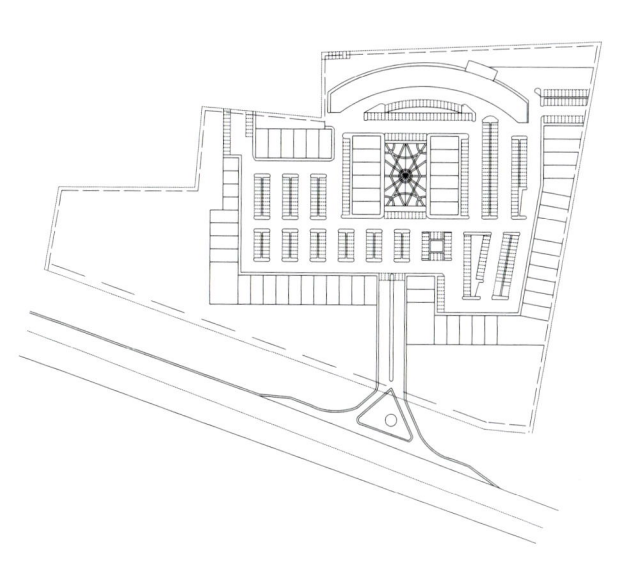

# Towers of the Americas
# Torres de las Américas
2004–2009

On a 4-acre site in a newly developed but very accessible section of the city, the architect proposed a complex of three office towers that could be built in stages rather than the conventional solution of one large tower.

By 2006, the entire infrastructure plus two of the towers have been built. Construction of the third tower and parking levels was completed early in 2009.

The towers rise out of common base that contains two levels of basement parking and a central atrium with shops and common facilities, the focal point of the project. All must pass through this atrium in order to access the towers, thus facilitating security control. Access to the towers is only possible with the tenant's pass card or a visitor's card obtained at the control and information desk in the atrium.

Street-facing shops are also located in the atrium in order to better integrate the complex into the street life that is expected to develop around it.

One of the concerns of the design was to avoid building more than the necessary parking during its first stages; a sufficient

En una propiedad de 1,5 hectáreas, ubicada en un sector nuevo pero muy accesible de la ciudad de Panamá, se propone, en vez de una gran torre que sería lo convencional, un conjunto de tres torres de mediana altura, susceptible de ser construido en etapas.

Una vez terminada la primera etapa de la obra su éxito fue tal que inmediatamente se procedió a construir la etapa final, la cual se terminó a inicios del 2009.

Las torres descansan sobre una base común de estacionamientos y giran alrededor de un gran atrio con locales comerciales. Este atrio también es punto de control de acceso, facilitando la seguridad de los usuarios de las torres ya que sólo se tiene acceso a éstas pasando por sendos puntos de control mediante tarjeta propia o de visitante, obtenida en el puesto de control del atrio.

El proyecto también provée tiendas con frente a las calles para una buena integración al tejido urbano de este sector, en pleno crecimiento.

Phase one
Primera etapa

amount of parking spaces for the first two towers is provided up to the roof over the second floor. On that floor are tenant amenities including meeting rooms, dining rooms, a presentation auditorium, and an exhibit area.

The design is esthetically tied together by a row of two-story columns that unify the three street façades and create an ample covered automobile entry space without recourse to the kind of canopy that would give an undesired hotel-like appearance.

The towers, which at 21 floors not really as tall as might be desirable in the local environment, are designed with a curved profile accentuated by aluminum ribs that create a sense of height and dynamism. The origin of this section, however, was the need to provide some, but not all, floors with larger areas and greater clear spans. The curtain wall is executed with prefabricated units for better quality control and speed of erection.

Phase one
Primera etapa

Una de las preocupaciones del diseño fue no obligar la construcción de más garajes de lo necesario en cada etapa y, en efecto, hay suficientes para las dos primeras torres hasta el nivel del techo del primer alto.

En este nivel se proveen facilidades para los usuarios, tales como salones de reuniones, comedores, un pequeño auditorio y salones de exhibiciones temporales o permanentes.

El diseño postula una gran columnata unificando sus diversos elementos e incorporando una muy amplia puerta cochera sin recurrir a la forma usual hotelera, que se consideró inapropiada para el caso.

Los edificios altos, no siendo realmente muy altos según lo usual en la ciudad (21 pisos), se diseñan con un perfil curvo dotado de costillas de aluminio que acentúan su verticalidad y dinamismo. Sin embargo el orígen de la curva era la necesidad de obtener algunos, pero no todos los pisos con áreas y luces libres mayores. Los muros cortina se ejecutan en este caso con mayor eficiencia en base a un sistema de unidades prefabricadas.

Phase one
Primera etapa

**Richard** Holzer

The architect's early experiments in plasticity return here, albeit much more sophisticated and with emphasis on the third dimension and greater assurance

The architect placed a large-scale sculpture of his own design in the main entrance of the complex. Made of tempered glass and internally lit at night, it is named "Emerging Isthmus" because it was inspired by the formation of the isthmus of Panama, a relatively recent geological event that joined North and South America and altered the world's climate. Appropriately, it is placed in a shallow pool and fountain that has a glass bottom, since it also serves to admit daylight to the two parking levels below.

Los experimentos del arquitecto en plástica de edificios de hace muchos años retornan aquí pero con acento en la tercera dimensión y mayor grado de sofisticación.

En la entrada principal del conjunto el arquitecto colocó una escultura a gran escala, diseñada por él y ejecutada en vidrio e iluminada internamente de noche. Se llama "Istmo Emergente" porque está inspirada en el proceso geológico de reciente data en que se formó el istmo panameño que unió Norte y Sur América y alteró fundamentalmente el clima mundial. Por eso se sitúa en un estanque y fuente, el cual tiene fondo de vidrio pues es, en realidad, un tragaluz que lleva luz natural a los dos sótanos de estacionamientos.

179

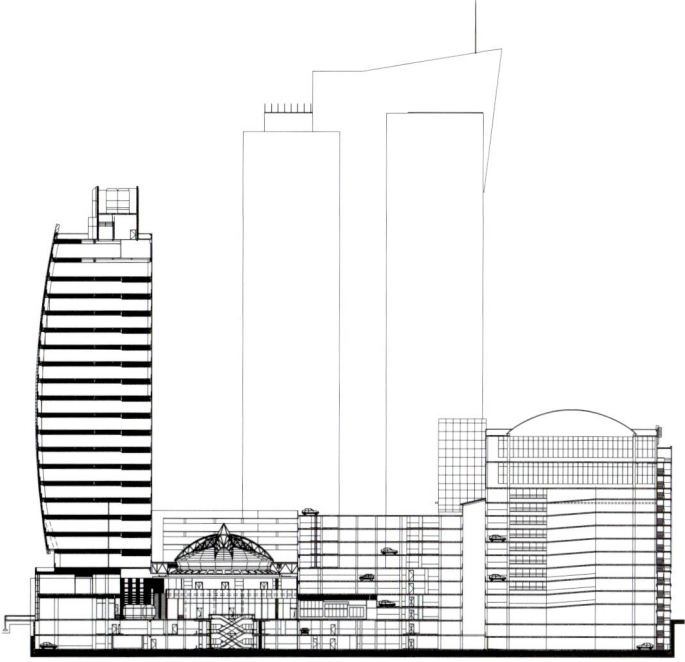

Transverse section
Corte transversal

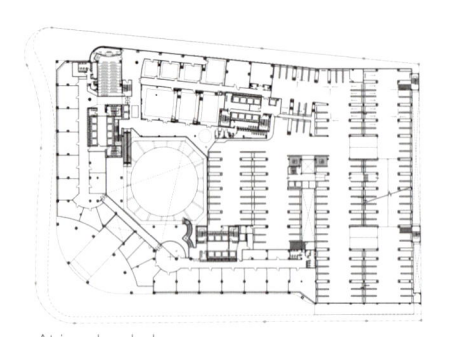

Atrium level plan
Planta entrepiso

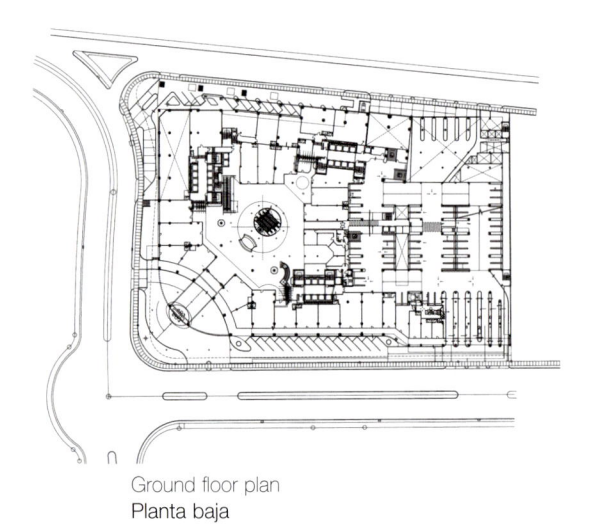

Ground floor plan
Planta baja

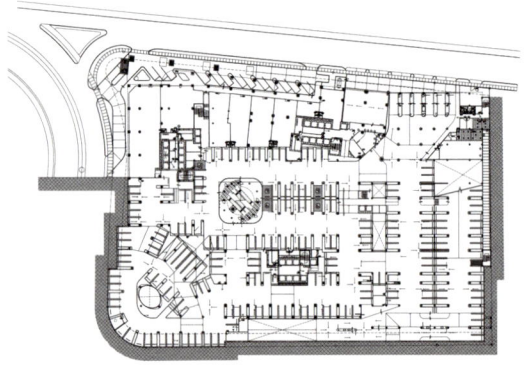

Lower level plan
Plano nivel inferior

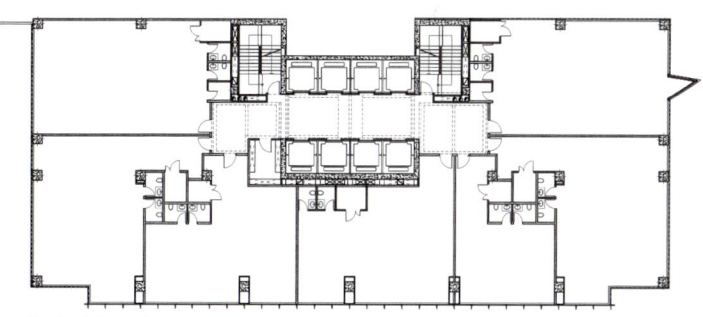

Typical floor plan
Planta típica

# Kol Shearith Israel Community Center and Synagogue
# Centro Comunitario y Sinagoga Kol Shearith Israel

2004–2006

This synagogue project is for a liberal congregation whose traditions are quite different from those of the Sephardic orthodox congregation for which the architect had recently designed the Ahavat Sion synagogue. Here everything happens at the front, with the ark (aron kodesh) and the pulpit or reading desk (bimah) quite close together. Thus the design strives to bring the congregants as close as possible to this zone, and concentrate their attention on the activity there. The shape of the floor plan, the converging lines of the ceiling all point to the front (east). The lighting as well is designed to concentrate the maximum intensity of light at the ark and the pulpit, with the latter slightly displaced sideways in order to avoid a silhouette effect against the brightly illuminated ark.

The ark is here designed in a rather unusual manner: a wrought iron folding gate, alluding to the congregation's Spanish origin, will open as services are about to begin. The long white curtain, which evokes the curtains of the original tabernacle, is slightly translucent, permitting the sparks of light from the torah

Este proyecto de sinagoga pertenece a una congregación liberal, de tradiciones muy diferentes a las del grupo sefardí oriental para quien el arquitecto poco antes había diseñado la sinagoga Ahavat Sión. En esta sinagoga todo ocurre en la zona delantera, con el púlpito (bimá) y el arca (aron kodesh) muy cerca. Por lo tanto, la meta del diseño es la de acercar a los feligreses lo más posible a esta zona, y dirigir y concentrar su atención hacia ella. De allí la forma de la planta y la disposición de las sillas y las líneas del cielorraso. También la intensidad de la luz se maneja de tal manera que la mayor luminosidad se concentra en el arca, en tanto que el púlpito, desplazado para evitar un efecto silueta, es iluminado por reflectores ocultos.

El arca en este caso se resuelve de una forma poco común: una reja de hierro, evocando el origen español de la congregación, se abre cuando los servicios religiosos están a punto de empezar. La cortina que cierra el sitio en que se guardan los rollos de la torá es semitransparente, dejando entrever, no los rollos, pero sí los destellos de luz reflejada

Ground floor plan
Planta baja

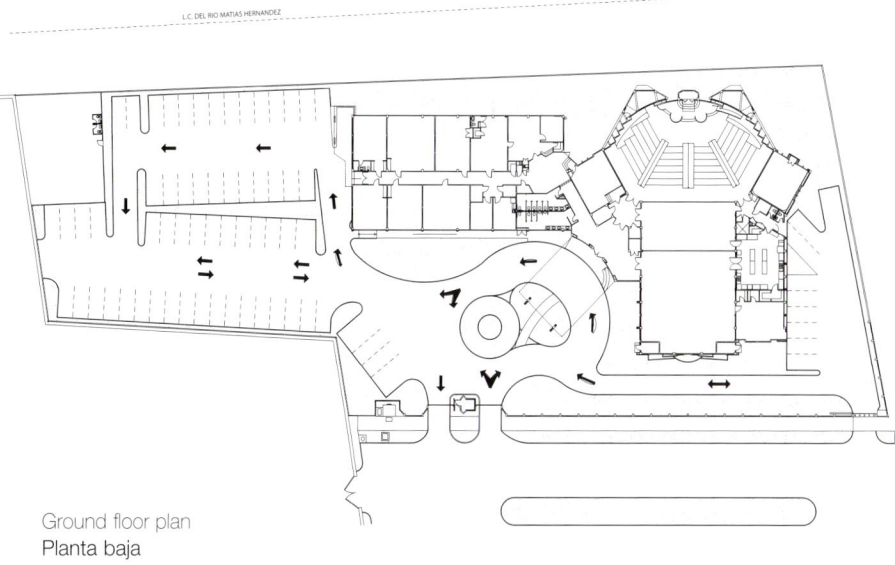

ornaments to shine through, making people aware of what is behind the drape, until it is drawn open at the appropriate time, fully revealing the sacred scrolls.

In order to accommodate the sharply increased number of congregants at certain times of the year (high holidays) the adjacent spaces (a study room and a daily synagogue), as well as the multipurpose room can become part of the synagogue by folding away the dividing walls.

The banquet room is normally divided into two sections with the smaller one-third used for the customary after-service functions. Class and study rooms, administrative offices, and service areas complete the facility.

Security concerns determined not only the offset automobile entrance but also the setback of the building from the street and the placing of support spaces around the synagogue proper.

de los adornos de plata de éstos, hasta tanto sea el momento correcto y se abran los cortinajes que evocan el antiguo tabernáculo, revelando los rollos sagrados a la vista.

Para acomodar la mucho mayor afluencia de feligreses en ciertas (pocas) festividades anuales, y el eventual crecimiento del grupo, se prevée la expansión del recinto hasta incorporar dos salones laterales y una parte del salón de actos y fiestas adyacente, mediante el uso de paredes movibles/removibles.

El salón de fiestas es normalmente dividido en 1/3 ó 2/3, con la parte menor usada para la recepción usual después de los servicios religiosos regulares. La división se retira para actos mayores, cenas, etc.

Salones de clase y estudio, y facilidades administrativas completan el conjunto.

La preocupación por la seguridad de los usuarios fue determinante tanto en la ubicación, intencionalmente indirecta del portón de entrada, así como el retiro del edificio desde la calle y la interposición de otros elementos entre la calle y la sinagoga misma.

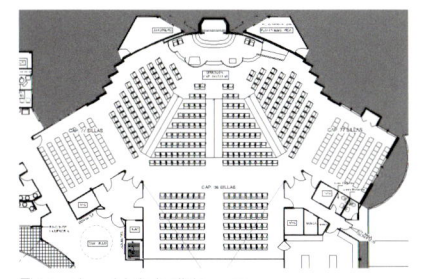

Floor plan–high holiday use
Planta uso altas fiestas

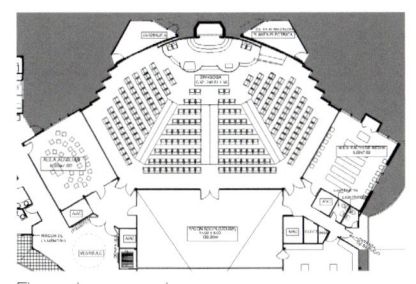

Floor plan–normal use
Planta uso normal

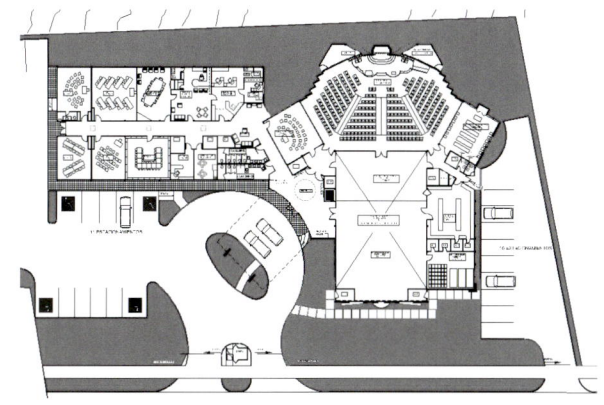

General floor plan
Planta general

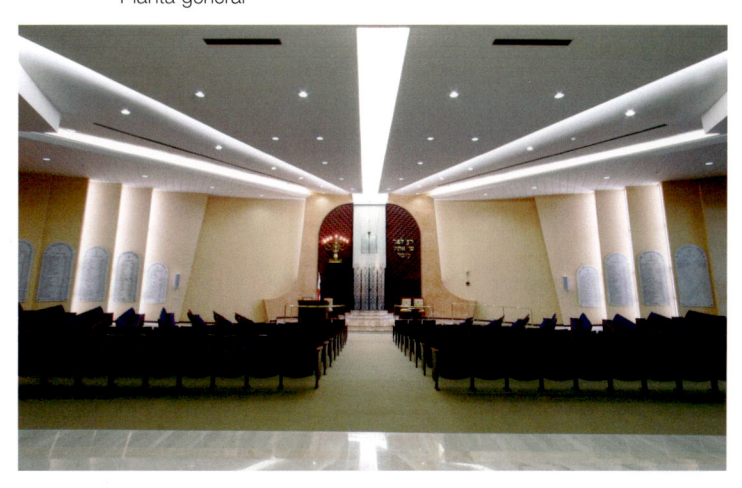

# City of Panama City Hall
## Alcaldía de la Ciudad de Panamá
2008

The City of Panama bought this thirty-year-old complex consisting of two very small office towers (eight floors of 2,600 square feet each) on a base of retail and parking. The architect's task was to convert this into the seat of the entire municipal organization, excluding only the council chambers. The bulk of the work involved a total interior re-design but the challenge was to functionally communicate the two towers and to achieve a more institutional, representative image. The design achieves this by inserting a bridge element linking the top office floors, a device that at one stroke unifies the two office blocks, creates prime space for the mayor's office suite, and visually turns the complex into one large, institutional building.

La alcaldía de la Ciudad de Panamá compró este complejo, construido hace unos 30 años, consistente en dos muy pequeñas torres de oficinas (8 pisos de 250 m2 cada una) sobre una base de locales comerciales y estacionamientos. Le tocó al arquitecto convertir este conjunto en sede de todos los despachos municipales excepto el Concejo. El bulto del trabajo consistió en un rediseño interior total, pero además había que comunicar funcionalmente las dos torres y lograr un aspecto más institucional y representativo.

El diseño inserta entre las dos torrecitas un elemento entre sus últimos pisos, elemento que a su vez alberga el despacho del alcalde y sus anexos, comunica las dos torres y convierte dos pequeños edificios en uno grande e importante.

# Punta Pacifica Synagogue
## Sinagoga Punta Pacífica
2008–2010

Study for converting the fourth floor banquet room into a synagogue for young people.

The development of a new neighborhood with a substantial Jewish population that needs to walk to religious services gave rise to this new synagogue. The great height of the front elevation is due to the height of the synagogue proper, with a steeply inclined ladies' balcony plus a large volume above, which in the future is to become either a function hall or another synagogue, complete with its inclined balcony. Numerous

El desarrollo de un nuevo barrio con una significativa población judía que debe llegar a sus servicios religiosos a pie, dió lugar a la construcción de esta sinagoga ortodoxa, la cual está en construcción al imprimir este libro. La gran altura de la fachada se debe a que la sinagoga misma es muy alta y tiene un balcón inclinado para las damas, bien inclinado para mejor visibilidad, y sobre ello se diseña un gran volumen en el cual se espera construir en el futuro un salón de fiestas u otra sinagoga para gente más joven, también con su balcón de damas. El complejo cuenta con una serie de facilidades auxiliares y una pequeña sinagoga

## 188
**Richard** Holzer

Second floor – fifth floor (similar)
Segundo piso – quinto piso semejante

Fourth level
Cuarto alto

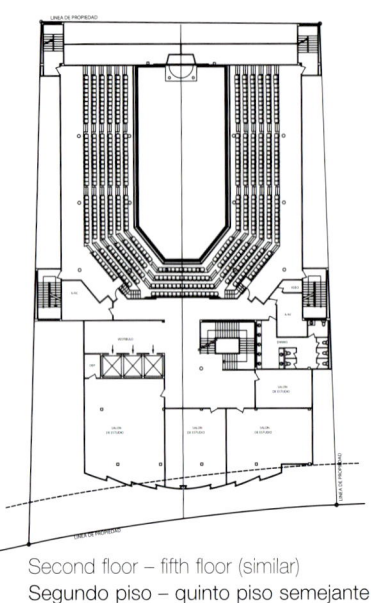

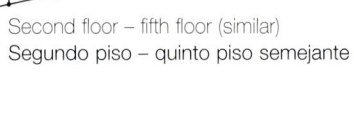

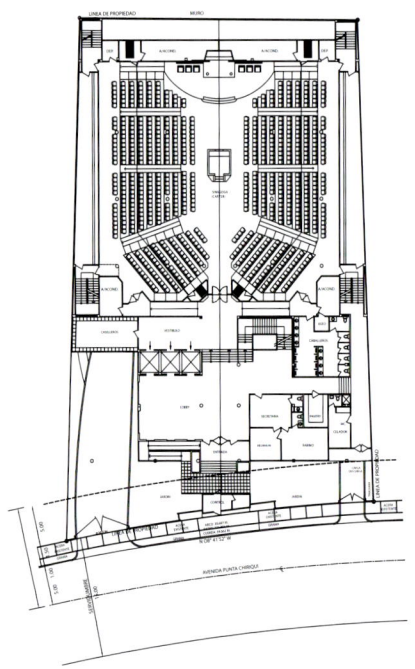

Ground floor – third floor (similar)
Planta baja – tercer alto semejante

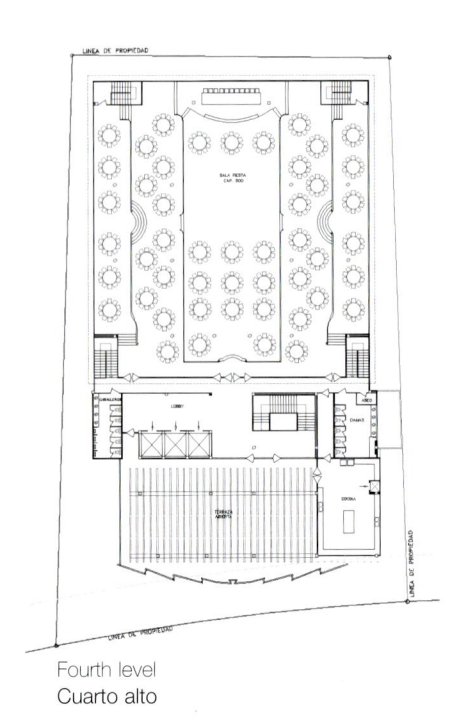

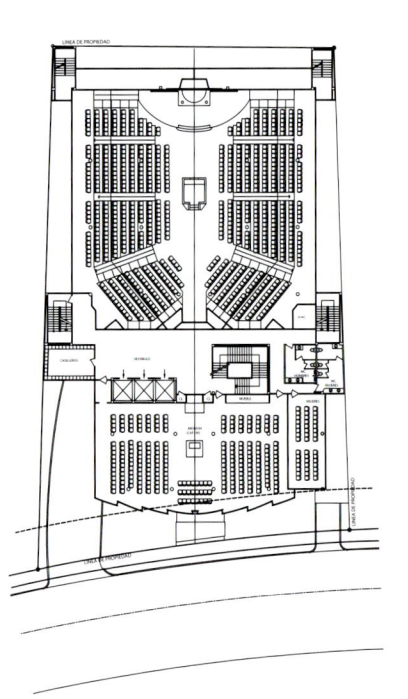

First floor
Primer alto

additional facilities include a small synagogue for daily services and two parking levels to be used for special functions. The elevators are specially arranged so that on the Sabbath and holidays they run continuously, automatically stopping on all floors without requiring buttons to be pressed.

de uso diario, además de dos niveles de estacionamientos a ser usados en algunos actos. Los elevadores están arreglados de manera que anden de modo continuo, parando automáticamente en cada piso los sábados y días de fiesta, sin necesidad de apretar botones.

Estudio de la posiblidad de convertir el salón de fiestas del cuarto alto en una sinagoga para jóvenes

Interior
Interior

Interior study for possible future synagogue on 5th–7th levels
Estudio para el interior de una posible sinagoga futura en los niveles 5–7

# ELMEC Building
## Edificio ELMEC
2008

This project is for a dealer selling floor and wall finishes and plumbing fixtures. Its location on a heavily traveled but relatively narrow street gave rise to the design scheme. In order to give maximum exposure to the building and counteract the necessity of providing customer parking in front of the building, its front has been molded into a roughly rectangular main body out of which grows a essentially perpendicular element that is diagonal to the street on both sides. Preempting the local tendency of considering buildings little more than supports for signs, the design incorporates into these faces large user-changeable quasi-billboards. The exterior cladding is a three-color rain-screen of large ceramic tiles, a product also sold by the owner. The billboards were ultimately eliminated, resulting in a much cleaner design.

The building as such is straightforward: basement parking supplements street-level parking. The three main floors are open, flexible showrooms with the corporation's offices located on the third floor, all interconnected with escalators and elevators. A small storage area is tucked into a corner of the odd shaped property and supplements the main warehouse elsewhere.

Este proyecto es para una empresa vendedora de artefactos sanitarios y acabados de pisos y paredes.

La ubicación en una calle relativamente angosta pero de mucho tránsito automotriz dio origen al diseño. A fin de darle un máximo de exposición al edificio y compensar por el retiro resultado de la previsión de estacionamientos al frente, los volúmenes se moldean en un bloque principal aproximadamente rectangular del cual sale un cuerpo esencialmente perpendicular cuyos costados son diagonales a la calle. Anticipando la tendencia común de los comerciantes de la localidad de considerar su edificio poco más que un andamio para sus anuncios el diseño incorpora un cartel cuyo contenido podrá ser cambiado a voluntad. Las paredes exteriores son acabadas con un revestimiento ventilado de cerámica en tres colores, producto también vendido por el propietario. Al final, los carteles de la fachada se eliminaron resultando en un diseño mucho más limpio.

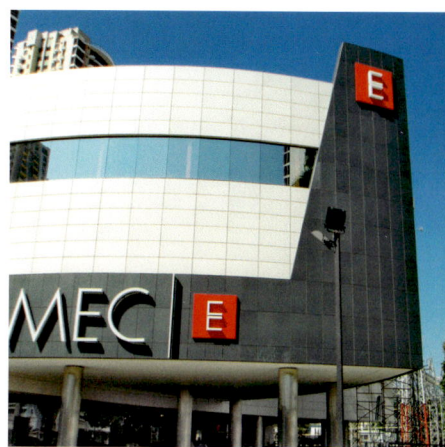

El partido es simple y claro: un garaje subterráneo que suplementa los estacionamientos frontales. Los restantes tres niveles, intercomunicados con escaleras eléctricas y ascensores albergan salones de exhibiciones muy flexibles y, en el último piso, las oficinas de la empresa. Un pequeño depósito aprovecha la forma caprichosa de la propiedad y suplementa las bodegas principales que se encuentran en otro lugar de la ciudad.

Catalog of projects
**Catálogo de trabajos**

In the following pages, much other work, not already presented in the preceding pages, is shown in a very succinct manner.

However, many of Richard Holzer's projects do not appear in this book. Not shown, with rare exceptions, are industrial buildings, many of the homes he designed in the early years of his career, very small projects, and minor work such as additions, renovations, and the like.

On the other hand, numerous projects had to be omitted because there were no original photographic records and new photographs could not be taken because the buildings have been modified by their owners or occupants. Often the original architecture has been destroyed or the buildings demolished because of the buildings' deplorable condition, or to make way for new construction in the fast growing city, or for a variety of other reasons.

En lo que sigue se presentan de manera muy breve otros trabajos que no se han incluido en las páginas anteriores, sin repetir aquellos que ya fueron presentados.

Sin embargo, muchas obras del Arq. Richard Holzer no se encuentran en este libro.

No se presentan, con poquísimas excepciones, proyectos industriales, muchas residencias de sus primeros años de trabajo proyectos muy pequeños y trabajos menores como adiciones, remodelaciones, renovaciones.

Por otra parte hubo que omitir un número plural de obras de las cuales no quedan fotografías originales y que no se pudieron fotografiar ya sea porque fueron modificadas por sus dueños o usuarios destruyendo la arquitectura original, sea por su deplorable estado de conservación, porque han sido demolidas para dar paso a nuevas construcciones por el crecimiento vertiginoso de la ciudad, o por diversas otras causas.

Therefore there are valuable projects that do not appear in these pages. What is presented in this book amounts to somewhat more than half of Richard Holzer's work, perhaps two thirds of it, though the largest and most important projects are, of course, included.

Unless otherwise indicated the various buildings are all located in Panama City.

The number of buildings that have disappeared is surprisingly large, perhaps more than twenty. A few were even demolished and replaced with new buildings by the same architect. It is this unsuspected architectural temporality that in good measure motivated the creation of this book.

Finally, it must be clarified that the inclusion of a project in one or the other part of the book is not due to qualitative reasons but merely to the necessity of limiting its size.

Así, por una u otra razón, hay obras de calidad que sin embargo no aparecen en estas páginas. En consecuencia lo presentado en este libro constituye apenas algo más de la mitad de la producción del arquitecto Richard Holzer, quizás las dos terceras partes, aunque los proyectos más grandes desde luego sí están incluidos.

Las obras en que no se indica otra ubicación se encuentran en la ciudad de Panamá.

Es sorprendente la cantidad de obras que han desaparecido, quizás más de veinte. Algunos de estos casos incluso fueron demolidos y reemplazados con nuevas obras por el mismo arquitecto. Es esa insospechada temporalidad arquitectónica que en buena medida motivó la creación de este libro.

Finalmente es bueno aclarar que la ubicación de una obra en una u otra sección de esta publicación no se debe a una selección por razones cualitativas sino simplemente a la necesidad de limitar el tamaño del libro.

## Richard Holzer

**1950/51** Bellavista Theatre
A movie theater designed as part of a project that also included small apartments, which was built as designed and operated successfully for a number of years but of which today only this sketch by the designer remains.

**Teatro BELLAVISTA**
Un cinematógrafo diseñado como parte de un proyecto que también incluía pequeños apartamentos, que fue construido y operado con éxito por un buen número de años pero del cual hoy sólo queda este estudio de la mano de su diseñador.

**1952** Carrizo Residence
On a gently rising corner lot, this L-shaped home is placed far back from the street and gives the living area the preferred view while opening it to the garden on the "private" side.

**Residencia Carrizo**
En una propiedad esquinera y ligeramente elevada, esta residencia en forma de L se retira de las calles dándole el sitio de mejor vista al área social de la casa, abierta al jardín en el lado privado.

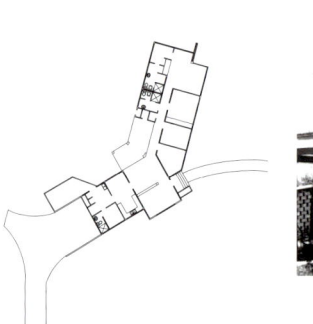

**1953** Javier college
This Catholic high school was designed on a large property, with special concern for bioclimatic considerations. The project includes the master plan, the infrastructure, and the classrooms and administrative facilities.

**Colegio Javier**
Colegio secundario católico desarrollado en una amplia propiedad con especial atención al factor bioclimático. El proyecto incluía el plan maestro, la infraestructura y el edificio de aulas y administración.

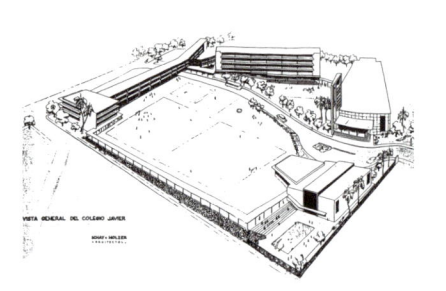

Knights of Columbus
This small building for a Christian order provides meeting and social facilities for its members. Located on a prominent site in Balboa, the town from which the Panama Canal is run, in what at the time was the U.S.-controlled Panama Canal Zone, the design expresses its semi-public nature.

**Knights of Columbus**
Este pequeño edificio para una orden cristiana provee facilidades para reuniones y actividades sociales de sus miembros. Ubicado en un sitio prominente en Balboa, la ciudad desde donde se administra el Canal de Panamá, en lo que en ese tiempo era la Zona del Canal de Panamá, regenteada por los E.E.U.U., su diseño expresa su función semi-pública.

1955 Our Lady of Carmen Church
The design of this parish church in the suburbs is based on an asymmetrical section and a stylized bell tower.

**Iglesia Nuesrta Senora Del Carmen De Juan Diaz**
Esta iglesia parroquial en los suburbios de la ciudad desarrolla su programa con una sección asimétrica y un campanario estilizado.

Church of Jesus Christ of Latter Day Saints
A small Mormon church built in Balboa, on the outskirts of the city of Panama. The addition of bars to the windows is a testimony to changed times.

**Church of Jesus Christ of Latter Day Saints**
Una pequeña iglesia mormón también situada en Balboa, en las afueras de la ciudad de Panamá. La adición de rejas a las ventanas atestiguan el cambio de los tiempos.

Btesh Apartments
This small apartment building in a commercial–residential subdivision was a first testing ground for some of the themes later developed in many other residential projects such as cross-ventilated living spaces, corner bedrooms, terraces, and balconies.

**Edificio De Apartamentos Btesh**
Pequeño edificio en un barrio residencial-comercial, que explora muchos de los temas que más adelante serán desarrollados y elaborados en otros proyectos de viviendas: ventilación cruzada en los es-pacios sociales, dormitorios esquineros, terrazas y balcones.

1956 Don Bosco Technical Institute
A Catholic trade school consisting of a classroom and administrative building plus several shops in industrial type sheds, the latter in the rear of the project.

**Instituto Técnico Don Bosco**
Escuela de oficios consistente de un bloque de aulas y oficinas administrativas, y varios talleres en edificios tipo industrial en su parte posterior.

## 198
### Richard Holzer

1957 **Dabah Apartments**
A small apartment building on a corner lot in a residential area. It is typical of the size of the projects of the time, small and without elevators.

**Apartamentos Dabah**
Pequeño edificio ubicado en un lote esquinero de un barrio residencial. Es típico del tamaño de los proyectos de aquel entonces, todos sin ascensores.

**Albert Einstein School**
Private K–12 school. The main entrance and kinder garden are designed with playful folded plate concrete roofs. Glazed clay elements separate the school grounds from traffic and public access.
The school is placed on the access side of the site, leaving the major portion of the property for playing fields, the gym being the nexus between the two

**Instituto Albert Einstein**
Escuela privada que abarca Kinder, Primaria y Secundaria. La entrada y el Kinder que aquí se muestran se diseñan como áreas techadas con una cubierta juguetona de hormigón armado. Elementos de arcilla vidriada separan los predios del acceso público y el tránsito vehicular.
El conjunto se ubica cerca del acceso de la calle, dejando el resto de la propiedad dedicado a campo de juegos. El gimnasio y sus facilidades constituyen el nexo entre lo deportivo y la escuela.

**Vallarino Building**
An office building that continues the exploration of this typology, this time with inclined translucent glass sun breaks protecting the windows from the hot afternoon sun.

**Edificio Vallarino**
Edificio de oficinas que continúa la investigación de este tipo de construcciones, esta vez con aleros inclinados de vidrio traslúcido protegiendo las ventanas del candente sol de la tarde.

1959 **Boyd Apartments**
Many small apartments on a corner property that is rather narrow and steeply inclined.

**Apartamentos Boyd**
Muchos apartamentos pequeños en un lote esquinero, pero delgado y con bastante pendiente.

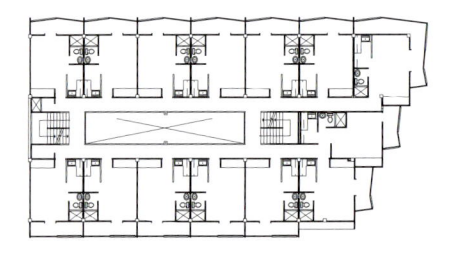

### Lima Residence

In a residential area of large lots, this house is designed with its living area open to the breezes on three sides, and bedrooms, service areas, garages, and recreation spaces on other levels.

### Residencia De Lima

En un barrio residencial de grandes parcelas, esta casa se resuelve con un área social transparente a las brisas y otros niveles para dormitorios, servicios, garajes y recreo.

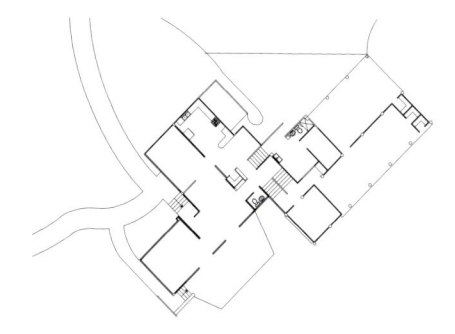

**1959/65**

### Nuevo Obarrio Residence

In this period a number of single-family homes were designed based on similar schemes. In these single-level homes an unassuming front shields the living spaces from the street while the floor plan opens and orients them toward their private gardens. This quiet residential neighborhood, Nuevo Obarrio, became more and more commercialized over the years and today only one of these houses is still standing.

### Residencias Nuevo Obarrio

En este período se diseñaron varias residencias con partidos semejantes, caracterizadas por fachadas modestas, cerradas hacia la calle, de una sola planta que se orienta hacia el jardín privado. Con los años, este barrio, Nuevo Obarrio, que a inicios de los años sesenta fuera una apacible vecindad residencial se ha vuelto cada vez más comercial y hoy sólo queda una de estas casas.

**1959**

### Mercurio Jeweler

The design of this jewelry shop involved its front, with small showcase volumes on a new zigzag marble wall, as well as all the interior design, including the displays and showcases.

### Joyeria Mercurio

El diseño involucra el frente a la calle, resuelto en zigzag con pequeñas vitrinas, y todo el diseño interior, incluso los muebles de exhibición.

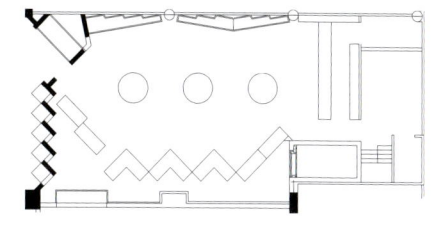

**1960**

### Feduro Building

This facility, for an importer and distributor of medicines, cosmetics, and other products, centralizes offices, warehousing, and operations on this site. Once again prefab concrete elements are used to shade and protect the office windows. The company's logo was designed by the architect as part of the project and remains in use to this day

### Edificio Feduro

La empresa se dedica a importar y distribuir medicinas, cosméticos y otros, y este proyecto centraliza sus oficinas, depósitos y operaciones en un solo lugar. Nuevamente se usan elementos prefabricados para sombrear y proteger las oficinas. El logo de la empresa fue diseñado por el arquitecto como parte del proyecto y sigue en uso hasta la fecha.

## Richard Holzer

### 1960/62 — Pan Am Building

This office building's flatiron site is bounded by two streets with strong diverging slopes that coincide only at the property's point. This determines the location of the entrances from both streets at the point where the difference in levels between these is exactly one floor high.

The office floors are clearly expressed both volumetrically and by their special fenestration protected with a continuous brise soleil of precast concrete elements. The ticket office of what at the time was one of the world's leading airlines is placed at the most prominent point of the ground floor.

### Edificio Panamericano

Este edificio de oficinas se ubica en un lote "cuchilla" definido por dos calles con fuertes pendientes que se unen en la punta de la propiedad. La solución resuelve el desnivel colocando los ingresos de ambas calles en el sitio donde el desnivel es de exactamente un piso de alto.

Los pisos de oficinas se expresan claramente en la volumetría y en su fenestración protegida por un quebrasol de elementos prefabricados de hormigón que los envuelve. La oficina de atención al público, de lo que a la sazón era una de las líneas aéreas de mayor prestigio, se coloca en el sitio más prominente de la planta baja.

### 1960/61 — Beth El Synagogue

The design of this synagogue blurs the distinction between architecture and structure, finishes and decoration. The front wall, with its equal appearance outside and inside, is built of specially designed concrete units, yielding the same texture on both faces. The ladies' section in the rear of the space is partitioned off with a low screen. The roof-ceiling of three concrete barrel vaults covers both spaces and directs the vision toward the front. The interior is completed with inclined varnished wood walls that permit only indirect light.

### Sinagoga Beth El

El diseño de esta sinagoga elimina la distinción entre estructura, arquitectura, acabados y decoración. La pared frontal, vista tal cual desde el interior y el exterior, es construida con elementos tridimensionales especialmente diseñados. La sección de mujeres, en la parte posterior del espacio, es separada por una mampara de media altura. El techo, de tres bóvedas de cañón de hormigón, visto en el interior igual que en el exterior, dirige la vista hacia el frente. El interior se completa con paredes laterales de madera inclinada que sólo permiten iluminación indirecta.

### 1960/62 — Sheve Ahim Social Club

This social club, today remodeled and added to by others beyond recognition, achieves an institutional character by the exposure and three-dimensional manipulation of the cross section of the columns of the front elevation, the roof overhang, and the entrance canopy. The interior is oriented toward the private garden and the ocean view, while the perimeters, including the front elevation, are closed toward the street and parking areas.

### Sociedad De Beneficencia Sheve Ahim

Este club social, hoy ampliado por otros hasta quedar irreconocible, le da carácter institucional a su fachada mediante la manipulación tridimensional de la sección de sus columnas, aleros y cobertizo de entrada. El interior esta orientado hacia el jardín y la vista al mar, en tanto que el perímetro, incluso el frente, se cierra hacia las calles y estacionamientos circundantes.

1962  T Residence

In a development that mixes single-family homes with low-rise apartment buildings, this residence is oriented toward its private and ample garden.

**Residencia T**

En un barrio de casas unifamiliares mezcladas con edificios de apartamentos de poca altura, esta residencia se orienta hacia su amplio jardín privado.

1965  Arcadia Building

This project is based on a program that would prove to be paradigmatic: an apartment building with two units per floor. In time, this type of project will become ever more complete, of greater size per unit, more parking, first designed as rental and eventually as condominium units, with common recreational facilities (swimming pool, saunas, gyms, terraces etc.) and ever-larger lobbies.

The significance of this building is that it was the first of a long line of such projects. Its main design features are its orientation transverse to the prevailing winds and a floor plan that induces the breezes to cross the living areas, ample terraces, and clean lines.

Located on a main street, it has commercial spaces on the ground floor, a feature that would later be abandoned because tenants and buyers perceived this as lowering the building's quality or status, a typical case where the wishes of some clash with the common good, which would make the mixture of uses desirable in order to foster urban vitality.

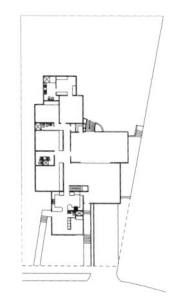

**Edificio Arcadia**

Este proyecto desarrolla un programa que a la postre resultará paradigmático: un edificio de dos residencias por piso. Con el correr del tiempo este tipo de proyecto será cada vez más completo, con mayor área por unidad, con mayor número de garajes, diseñado para alquiler primero y luego como condominio, con áreas comunes de recreo (piscinas, saunas, gimnasio, terrazas, etc.) y entradas con siempre mayor espacio, etc.

Lo significativo de este edificio consiste en ser el primero de una larga cadena de proyectos de este tipo. Como tal, se caracteriza por un diseño que ubica el edificio transversalmente a los vientos predominantes y promueve la ventilación cruzada de las áreas sociales de los apartamentos, por sus amplios balcones y nitidez de líneas. Ubicado en una arteria comercial de cierta importancia, tiene espacios comerciales en su planta baja, un uso que más tarde se abandonaría por ser considerado indeseable por inquilinos y compradores. Es un caso típico en el que el deseo de unos choca con el bien común que debería promover la mezcla de usos en pos de una mayor vitalidad urbanística.

1965  F.M. Residence

This residence is typical of a number of such homes designed for a development at the time zoned for single-family homes. As always, the floor plan focuses on the private garden and is conducive to cross ventilation.

**Residencia F.M.**

Esta residencia es típica de un grupo de viviendas construidas en un área recién urbanizada en el período, de amplios lotes en zonificación residencial. Como siempre, la planta se orienta hacia el jardín privado y facilita la ventilación cruzada.

## Richard Holzer

**1966** — Emilsany Building
This apartment building on a prominent and commercial corner in a mixed-use area places two-story shops at street level. The upper floors have only one apartment per floor.

**Edificio Emilsany**
Este pequeño edificio de apartamentos ubicado en una esquina bastante comercial en un barrio de usos mixtos coloca locales de dos pisos a nivel de la calle. Los pisos superiores contienen sólo un apartamento por piso.

**1966/67** — Romero Department Store
On the central plaza of a remote provincial capital, this design was that city's first great store.

**Almacén Romero**
Ubicado en la plaza central de David, la capital de la provincia, este diseño le da a la ciudad su primer gran almacén.

**1966** — C.R. Residence
This ample home is placed on a slight hill and oriented toward its private garden. The U-shaped floor plan is unified by a structure that evokes the arches of traditional Panamanian architecture while creating a private entrance garden.

**Residencia C.R.**
Una residencia amplia situada en una pequeña loma y orientada hacia su jardín. La planta en forma de U se ordena mediante una estructura que evoca los arcos comunes en la arquitectura más tradicional de Panamá, formando a la vez un jardín de entrada privado.

**De Chitré Bishop's Residence**
This is the official residence of the Catholic bishop in a provincial city. The columns have sculpted cross sections so that, together with the folded plate concrete roof, the desired more formal appearance is achieved.
The public functions and chapel are on the ground floor with the bishop's residence on the upper floor.

**Obispado De Chitré**
Residencia oficial del obispo católico de una ciudad provincial de Panamá. Las columnas modeladas en tres dimensiones se utilizan junto con el techo plegado de hormigón armado para darle un carácter formal al proyecto.
Las funciones públicas y la capilla se encuentran en la planta baja, en tanto la planta alta se destina a la residencia del obispo.

## Kandonski Apartments

Project for a group of apartment buildings that though intended for a well-located property was never constructed.

## Apartamentos Kandonski

Proyecto de un conjunto de edificios de apartamentos que, aunque diseñado para un muy bien ubicado solar, nunca fue construido.

## Opera Theatre

The design of this movie theater attempts to break with the classic movie image, achieving a somewhat more sober appearance without compromising the commercial requirements of this building type.

## Teatro Ópera

El diseño trata de romper la apariencia clásica de los cinemas dándole una imagen de cierta sobriedad, sin menoscabo de los imperativos comerciales.

### 1966/68 Mixed-use Complex

The location of this multi-use project is in what at the time was the center of the city. It comprises ground-floor shops, several upper floors for offices, and an ample parking structure, the first in the city. This is connected to the building via a fountained patio and a covered passage that leads to the city's main street. The office windows are shaded with anodized aluminum screens.

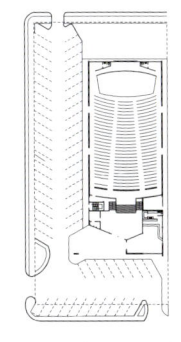

## Conjunto Comercial Central

Ubicado en lo que a la sazón era el centro comercial de la ciudad se desarrolla un complejo consistente en locales comerciales, varios niveles de oficinas y un amplio bloque de estacionamientos, el primero de su tipo en el país. Este se conecta con el edificio y la calle principal de la ciudad por un patio con una fuente y un pasaje cubierto.

Las plantas altas tienen las ventanas protegidas por pantallas solares de aluminio anodizado.

### 1966 Isthmian Building

This building of quite modest apartments is located on a site in an old, popular section of the city near to its oldest quarter. The exterior reinterprets the balconies of the traditional buildings in the area. However, while the traditional balconies ran continuously in front of all apartments, these are individual and private to each tenant.

## Edificio Isthmian Investment

Este edificio de viviendas muy modestas está ubicado en un sector popular de la ciudad, cercano a su barrio más antiguo. El exterior reinterpreta los balcones de las tradicionales edificaciones. Aquellos, sin embargo, eran continuos y comunes, en tanto éstos son balcones individuales e independientes.

### Richard Holzer

### M.H. Residence
This home sits on a hill high above the street and faces away from it, toward its garden and beyond, since on the opposite side of the street zoning allows high-rise apartment buildings. The living areas are thus exposed to the flow of the prevailing breezes while overlooking the home's private garden as well as the street one floor below.

### Residencia M.H.
Esta vivienda, situada en una loma, se orienta sobre la calle y, lo más importante, hacia su jardín y la vista posterior, habida cuenta que del otro lado de la avenida en que se encuentra se preveía la construcción de edificios altos. Así el área de estar, dispuesto de modo que aliente el cruce de la brisa, da hacia el jardín pero tiene vista sobre la avenida, a un piso de altura.

### Portoreal Apartments
Small, one-per-floor apartment building on an inside lot diagonally across from another street. The living area is given some breathing room and views by a 45-degree twist in the floor plan.

### Apartamentos Portoreal
Pequeño edificio de un apartamento por piso, en un lote interior diagonal a una bocacalle.
Al área de estar se le da vista y separación de los vecinos mediante un giro de planta de 45 grados.

### Arboix Building
On a long, sloped corner property, small rental units are placed over a bank's premises. Angled overhangs give life to the long façade.

### Edificio Arboix
En un lote largo y angosto sobre una calle con fuerte pendiente, se ubican estas pequeñas viviendas de alquiler sobre la sucursal local de un banco. La forma angular de los aleros le da vida a la larga fachada.

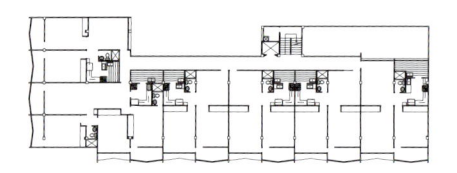

### Van Heusen Factory
Two characteristics distinguish this project. First, its roof of prefabricated concrete V-sections, which was a novelty at the time. Second is the use of air conditioning throughout the plant, unheard of until then, the economic justification of which was demonstrated to the owners by the architect.

### Fábrica Van Heusen
Este proyecto industrial se distingue por dos características: su techo de elementos prefabricados de hormigón—una novedad en la plaza—y el empleo del aire acondicionado en toda la fábrica, cosa inaudita en ese tiempo y cuya justificación económica y social fue demostrada en su momento por el arquitecto y luego confirmada en la realidad.

1966/67 Bank of America Building

The building anchors one end of the Plaza 5 de Mayo previously mentioned in relation to the Cía. Internacional de Seguros building, a preferred spot for political demonstrations.

In a commercial area where only very low-cost apartments are feasible and special safety measures are necessary for the ground floor bank, the design accommodates these requirements by introducing wide solid wall panels that mask the residential use of the upper floors while permitting the use of shutters on the first floor.

### Edificio De La Guardia Bank Of America

Este edificio ancla un extremo de la Plaza 5 de Mayo a la que se refiere en la descripción del Edificio de la Compañía Internacional de Seguros, sitio preferido para demostraciones populares.

En un barrio que sólo admite viviendas sumamente económicas y en que se imponen medidas especiales de seguridad para el banco, el diseño resuelve esos requisitos mediante grandes franjas sólidas que, a la vez, le dan un carácter poco residencial al edificio y permiten las cortinas de hierro del banco.

1966/68 O.H. Residence

This large property, on a two-story cliff above the avenue on which it is located made it tempting to orient the house over the avenue toward the nearby Pacific Ocean, an unobstructed and quite spectacular view. Zoning however permitted the future construction of high-rises across the avenue and thus the building was faced away from the "front" and overlooks its garden and beyond from high above the adjacent homes. The photo, taken many years later, shows at the rear one of these high-rises the architect had predicted.

The long surrounding driveway was necessary to climb from street level to the house high above.

### Residencia O.H.

La amplia propiedad presenta un acantilado de dos pisos de alto contra la avenida en que se encuentra haciendo tentador orientar la casa mirando sobre la avenida al cercano oceano Pacífico, una vista sin obstrucciones y realmente espectacular. La zonificación, sin embargo, permitía edificio altos del otro lado de la avenida y por ello el diseño se orienta en el sentido contrario, mirando desde lo alto sobre un área zonificada para residencias unifamiliares. La foto, tomada muchos años después, muestra al fondo ya construido uno de los edificios altos que el arquitecto pronosticaba. La larga calle privada que circunda el lote era necesaria para subir desde la avenida pública hasta el nivel de la casa, en alto sobre la calle.

1966 Ruiz Building

A small commercial building on a main traffic artery. The sunshades unify the upper and lower level by their vertical elements. The design provides ample show windows at street level.

### Edificio Ruiz

Un pequeño edificio comercial en una esquina con un frente largo sobre una arteria importante. Los elementos verticales del quebrasol unifican los niveles superiores e inferiores. El diseño ofrece amplias vidrieras a las calles.

## 1967 Harpers and Louvre Building

These two adjoining projects were designed and built simultaneously for different owners. The ground floor and basement (parking) fill the property boundary to boundary. Both have provisions for significant vertical growth, which never materialized.

The buildings follow the slight curve of the avenue on which the buildings face. In view of the usually uncontrollable commercial pressures, this project is notable for being successful in its attempt to integrate commercial signage into the architecture.

### Edificio Harpers Y Louvre

Estos dos proyectos colindantes, diseñados y construidos simultáneamente para propietarios distintos, cubren la totalidad del área de la propiedad en planta baja y sótanos (garajes). Ambos proyectos tienen bases para un importante crecimiento vertical que nunca se dio.

El frente sigue la leve curva de la avenida en que se encuentran. Habida la presión comercial usualmente incontrolable, estos proyectos constituyen uno de los pocos casos en que el esfuerzo por integrar los anuncios comerciales en la arquitectura fue exitoso.

## Garbo Department Store

The design solves the minimum height requirements of the site by means of a multi-story blind wall rendered with an ornamental grille of gold anodized aluminum carrying the store's name. Later, additional floors were added behind this façade. Escalators were installed here for the first time in the city of Panama.

### Almacén Garbo

El diseño resuelve el requisito municipal de altura mínima de edificios mediante un gran frente ciego, con una reja ornamental de elementos de aluminio color oro, portadores del rótulo del almacén que ocupa todo el edificio. Sin interferir con este frente se fueron agregando pisos posteriormente. Fue la primera vez que se usaron escaleras eléctricas en la ciudad de Panamá.

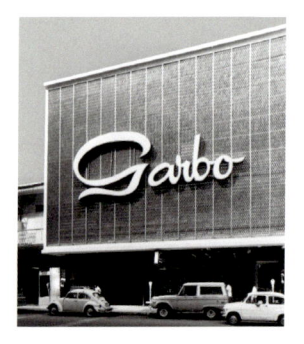

## J.B. Residence

Just as the adjacent Harari residence, the Bassan residence is placed on the top of the hill, essentially one floor above the street. Only the garage remains at street level in this scheme, which is similar to the previous one although more elongated in response to the narrower lot and with its entrance one half-floor up from the garage level.

### Residencia J.B.

Al igual que en la residencia Harari en la propiedad adyacente, esta vivienda se coloca a un piso sobre la avenida, donde sólo se encuentra el garaje. El partido es semejante al anterior, pero la puerta de entrada se coloca a media altura entre el nivel de calle y el área de vivienda propiamente dicha, la cual es más alargada en respuesta a la forma más angosta de este lote.

## 1968 Fundavico complex

A cooperative very low-cost housing project.

### Conjunto Fundavico

Conjunto de viviendas de interés social, propiedad de una cooperativa de viviendas.

## Vásquez Building

A modest commercial building with shops on the ground floor and offices on the second, the latter accessible via a main entrance on ground level. Parking is provided at the front and back of the building.

## Edificio Vásquez

Un modesto edificio de locales comerciales en planta baja y oficinas en planta alta, ésta última accesible por una puerta principal en planta baja. Los estacionamientos se ubican tanto delante como detrás del edificio.

### 1968/70 Tequendama Building

The problem posed by this narrow lot in a medium-density residential neighborhood was solved by juxtaposing a wide apartment with one that is narrow but over two floors. This results in an expressive shape characterized by the distinctive design of the balconies.

### Edificio Tequendama

En un barrio residencial de mediana densidad se construye este pequeño edificio de viviendas en que lo angosto de su lote fue resuelto colocando un apartamento ancho de un solo nivel al lado de otro delgado tipo duplex, resultando en un frente movido caracterizado por balcones diseñados en un lenguaje propio del proyecto.

### 1968 Di Lido Building

This building was designed three years after the nearby Grobman building, when the neighborhood had begun its transformation from one of small homes to one of mid-rise apartment buildings. The project also has only one apartment per floor. Since the location is semi-commercial, a shop is provided on the ground floor.

Cross ventilation is encouraged by the floor plan, which orients ample terraces toward the avenue and the bay of Panama.

Instead of hiding the ribs of the concrete floor structure they are left exposed, emphasizing the projecting thrust of the cantilevered terraces and articulating the façade.

### Edificio Di Lido

Este edificio, muy cerca del edificio Grobman pero construido tres años después cuando ya el barrio había empezado a sustituir las residencia unifamiliares por edificios de mayor altura, es de apenas un apartamento por piso. Dado que el sitio es semi-comercial se provee un local comercial en planta baja.

La planta procura ventilación cruzada y amplias terrazas que miran en dirección de la avenida y la Bahía de Panamá.

En vez de ocultar los nervios de las losas, estos se dejan a la vista enfatizando el canto libre de las terrazas y articulando la fachada.

## Richard Holzer

**1970** Las Llamas Building

This building's site is right on the ocean, but is very narrow and only accessible at its short ends. The scheme provides two apartments per floor.
The esthetics of the elevation are based on the manipulation of continuous lines.

### Edificio Las Llamas

En un lote sumamente angosto directamente al borde del mar y accesible sólo lateralmente se proyecta este edificio de dos apartamentos por piso.
La estética de las elevaciones se basa en la manipulación de líneas continuas.

Dusa (Fidanque) Building

This small commercial project is in a sparsely built-up area but on a street that, as predicted by the designer is now a major artery. The a lot has a fair-sized front but very little usable depth due to the large setback required by law, more than 50 percent of the depth of the property. This led to a second floor for offices cantilevered 13 feet beyond the ground-floor storefronts, which in turn are protected by a strongly cantilevered roof supported on inverted concrete beams.
As this book is being edited, the building is being demolished in order to make way for a tall office building.

### Edificio Dusa (Fidanque)

En una zona poco desarrollada pero que el diseñador predijo, correctamente, que algún día sería de gran importancia, este pequeño proyecto comercial se edifica en una parcela de buen frente pero con un retiro frontal obligado que reduce el fondo construible a menos de la mitad. El diseño responde volando la planta alta casi cuatro metros más allá de la planta baja, planta alta que a su vez es protegida por un amplio techo también en cantolibre, sostenido por vigas invertidas de hormigón.
El edificio esta siendo demolido al momento de editar este libro para dar paso a un edificio alto de oficinas.

Dorchester Plaza Building

This building on a very busy street has shops at street level, parking on two levels, and offices on its upper floors. The exterior design minimizes maintenance with the use of integrally colored cement blocks with a rough surface, broken by vertical glass panels. Over the years, this building was extended laterally three times.

### Edificio Plaza Dorchester

Este edificio, en una vía muy transitada, tiene locales en planta baja, estacionamientos en dos niveles y plantas altas de oficinas. Para minimizar el mantenimiento, el diseño exterior ensaya el uso de bloques de cemento rústicos de color integral y paneles de vidrio en su fachada. Después de construido el edificio fue expandido lateralmente tres veces.

1970/71 **Transístmica Mil Building**

The owner corporation has its showroom on the ground floor, while the upper stories house small rental offices.

Parking is provided in front of the showrooms as well as on their roof, which extends much further to the rear than the office floors.

**Edificio Transístmica Mil**

Edificio para los salones de venta de la empresa propietaria, con pequeñas oficinas de alquiler en las plantas altas.

Los estacionamientos de las oficinas se encuentran sobre el techo de la planta baja, mucho mayor que los pisos altos y a lo largo de su frente.

1971/73 **Camino Real Building**

Although not directly on the ocean, the generously sized apartments in this building have a clear view to the ocean and the bay on the side facing away from the street, which is three floors above a parallel street with single-family homes right on the shore.

**Edificio Camino Real**

Aunque no está en la orilla del mar, este edificio de apartamentos amplios tiene vista libre a éste, pero del lado opuesto a la calle de acceso, la cual está a un nivel tres pisos encima del nivel de unas residencias unifamiliares cuyas propiedades sí colindan con la playa.

1972/73 **Ford–Felix Maduro Shopping Center**

This shopping center project places all shops on the second floor, with parking occupying most of the roof, the ground floor, and on street level in the protected space under the shops, as is desirable in the tropics.

For various reasons the first scheme was abandoned and the project redesigned with the Félix B. Maduro department store as the anchor at one end. Most of the parking is now on the roof of the single-story portion of the complex.

The project was eventually abandoned due to political circumstances.

**Centro Comercial Ford – Félix Maduro**

Todo el centro se desarrolla en el primer alto y parte del segundo, con los estacionamientos ocupando casi todo el techo y en casi toda la planta baja (protegidos de sol y lluvia como es deseable en el trópico). Luego se le adiciona una gran tienda por departamentos, en un extremo.

Por diversas razones, el proyecto se rediseñó en base al almacén ancla, el almacén por departamentos Félix B. Maduro. El bulto de los estacionamientos ahora se acomoda sobre el bloque bajo del conjunto.

Eventualmente, el proyecto tuvo que ser abandonado por circunstancias políticas.

## 210
### Richard Holzer

**1972/75** Lalique Building
This project has one luxury apartment per floor. The only permanently unobstructed view, is the view down the main avenue from the corner of the property. This dictated the layout, which also is concerned with optional circulation patterns in addition to wind and sun. Nevertheless the rear ocean view is made use of as long as still unobstructed.

**Edificio Lalique**
Este proyecto tiene un apartamento de lujo por piso. La única vista sin obstrucciones, al momento de su construcción y en el futuro, es desde la esquina de la propiedad. Esto produjo la planta, la cual también procura patrones de circulación óptimos y los factores usuales de sol y vientos. No obstante, se aprovecha la vista posterior al mar, mientras esté disponible.

**1973** C.R. Residence II
For the second time in seven years, the architect was commissioned to design a large home for the same client, whose requirements had changed in the meantime. The project is in an upscale residential area. It features an ample garden and clay tile roof that reinterprets the traditional Panamanian Bellavistine style in a contemporary manner.

**Residencia II C.R.**
Por segunda vez, transcurridos 7 años, le toca al arquitecto diseñar una residencia para el mismo cliente, cuyas necesidades mientras tanto habían cambiado. El proyecto, con amplio jardín en un exclusivo barrio residencial se desarrolla con tejas de arcillas reinterpretando el estilo Bellavistino de modo muy contemporáneo.

B.A. Residence
A good-sized home on a corner lot in a well-to-do neighborhood.

**Residencia B.A.**
Residencia en un barrio de viviendas de clase media alta, en una parcela esquinera.

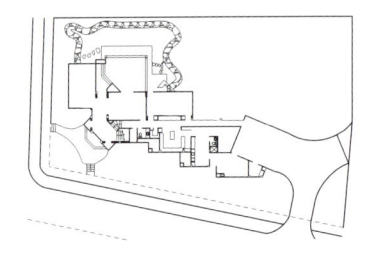

**1974** Ford Building
The program for this project, located on a very prominent site at the beginning of the Balboa Avenue bordering the shore, called for an important bank at street level and offices above. Political turmoil halted the project.

**Edificio Ford**
El programa de este proyecto, ubicado en el arranque del malecón de la Avenida Balboa y con una vista y exposición extraordinaria, requería un banco importante en su planta baja y oficinas en sus pisos altos. Factores políticos dieron al traste con el proyecto.

### IRHE Building

The government electrical energy agency commissioned the architect to design its new headquarters building. The design intends to create a somewhat institutional but semi-industrial appearance. It is characterized by its ample use of sun breaks and a large central atrium.

Due to changes in policy, the building was never constructed and the government agency itself subsequently disappeared in a wave of privatizations in the 1990s.

### Edificio IRHE

El Instituto de Recursos Hidráulicos y Electrificación encarga al arquitecto el diseño de su propuesta nueva sede. El diseño da una imagen oficial-industrial a este edificio y se caracteriza por sus amplios quebrasoles y un gran atrio central.

A consecuencia de cambios de política, el edificio nunca fue construido y la entidad se quedó sin edificio propio hasta que eventualmente ella misma desapareciera en la ola de privatizaciones de los '90.

### 1976 A.B. Residence

Close to the Abbo residence, this home is focused on its walled in garden.

The house was demolished recently, making way for the construction of a high-rise apartment building.

### Residencia A.B.

Cercana a la residencia Abbo, el proyecto se orienta hacia su propio mundo, creado en el jardín cercado.

Esta casa fue demolida no hace mucho para construir un edificio de apartamentos en su lugar.

### 1978 Magna and Tamanaco Apartment Buildings

These two adjacent apartment buildings were designed and built simultaneously for the same developer. The site, on a hilly property, has pleasant views on one side and ocean views at the rear. While they share a common access ramp, each project is otherwise totally independent of the other legally and has its own facilities, garages, and social areas.

The corner building has one apartment per floor and the other two per floor.

### Edificio Villa Magna y Tamanaco

Dos edificios diseñados y construidos simultáneamente para el mismo inversionista. La propiedad está ubicada sobre una loma con bellas vistas frontales y posteriores, éstas últimas al Pacífico. Los dos edificios comparten una misma rampa de acceso pero en todo lo demás conservan su independencia legal y de sus facilidades, estacionamientos y áreas sociales.

El de la esquina es de un apartamento por piso y el otro, de dos por piso.

Villa Magna     Tamanaco

### Feduro Corporation II

The architect designed this corporation's original home. Eighteen years later, the company had outgrown it and he was called upon to design this new facility for its operations consisting of offices, warehousing, and distribution facilities.

### Agencias Feduro II

Después de dieciocho años de haber diseñado el primer edificio de esta empresa distribuidora de diversos productos importados, ahora le toca el diseño de las nuevas, y mucho mayores instalaciones, siempre compuestas de los mismos elementos: oficinas, despacho y bodegas.

## Hartford Project

Sited on a prominent corner, this project was to house an important bank as its main tenant. When the deal could not be completed, the project became the Plaza New York shopping center (page 142).

## **Proyecto Hartford**

En una esquina prominente se proyecta este complejo cuyo inquilino principal sería un banco importante. Al no poderse concluir el trato con éste el programa se modificó y se proyectó Plaza New York, que sí fue construido. (pág. 142)

### 1979 Savoy Building

This project has a similar program to the Davimar building, sited next to these twin buildings.

### **Edificio Savoy**

Este proyecto tiene un programa similar al del Edificio Davimar y está ubicado justo al lado de esos edificios mellizos.

## La Galería Shopping Center

This strip center was designed in what now is called a minimalist manner but which at the time was quite remote from the usual design of this type of project.

The height of the shops, permitting a mezzanine, plus the thickness of the inclined roof construction was used to produce a large cantilevered volume over the sidewalk, shading and protecting it and the show windows from the tropical sun and rain. The surfaces of these volumes are used as a foil for the shop's signs.

The simple device of bringing the upper volume down to the ground at the corners anchors the design and gives special prominence to the corner store, the most important feature of the project.

More than a quarter-century after its construction, the center still appears quite up-to-date.

## **Centro Comercial La Galería**

Este conjunto de locales comerciales se desa-rrolla con un criterio minimalista muy distante del usual en este tipo de proyectos.

La altura de los locales, dimensionada para permitir la construcción de entrepisos en éstos, más el espesor de la construcción de los techos inclinados de metal, se utiliza para producir un gran volumen proyectado sobre la acera a lo largo de los locales. Esta proyección resulta en la muy deseable protección de las vidrieras del sol tropical y de las aceras de éste y de las frecuentes lluvias tropicales. El exterior de estos volúmenes se utiliza como fondo para los rótulos de los distinto locales comerciales.

Mediante el simple recurso de bajar a tierra los volúmenes superiores en las esquinas, se ancla el diseño y se da prominencia al gran almacén en la esquina, el más importante del centro.

A un cuarto de siglo de su construcción el centro sigue luciendo muy "al día".

1980 Paitilla Medical Center
A building for medical offices with an adjacent parking structure, the project included a covered bridge to the hospital across the street.

**Consultorios Médicos Paitilla**
Edificio de consultorios médicos, con otro edificio anexo, de estacionamientos. Como parte del proyecto se construyó un puente cubierto uniendo los consultorios al hospital, del otro lado de la calle.

1981 California Plaza Shopping Center
This small shopping center was designed on a partie based on an axis parallel to the public street, with three perpendicular elements. One of these was eliminated just as construction began in order to accommodate a small fast-food building. The topography presented a large depression toward the east, in which a basement movie theater was accommodated, albeit with street-level entrance.

**Centro comercial Plaza California**
Este pequeño centro comercial fue diseñado sobre un esquema de un eje paralelo a la vía pública con tres elementos perpendiculares. Uno de éstos fue eliminado al iniciarse la construcción para ubicar un restaurante de comida rápida en su propio pequeño edificio. La topografía presentaba una depresión profunda en el extremo Este de la propiedad, que fue aprovechada para alojar allí un cinematógrafo, en sótano pero con ingreso a nivel de calle.

1981 UBS Building
In addition to its operational requirements, this Swiss bank wished to project solidity, personalized service, and respect for the country. The design creates this image using columns and arches that allude both to the typical colonnades of the Swiss capital as well as the local Spanish tradition. The commission was the result of a private competition.

**Edificio UBS**
Este banco suizo deseaba proyectar solidez, servicio personalizado y respeto por el país.
El diseño crea tal imagen a partir de las columnas y bóvedas características de la capital helvética interpretadas a la luz de la tradición neo-colonial local. El proyecto fue ganador de un concurso privado.

R.H. Residence
This is a second home on the beach for a large family.
The property is right on the beach, but relatively narrow and very deep. The project includes generous living areas, five bedrooms, and a swimming pool with its related facilities and covered terraces.
The scheme calls for a comfortable, ample but restrained house oriented toward the ocean.

**Residencia R H.**
Una segunda residencia en la playa para una familia numerosa.
El proyecto se desarrolla en un lote directamente frente al mar, pero angosto y pro-fundo y consta de amplias áreas sociales, cinco alcobas y piscina con sus facilidades y terrazas cubiertas.
La propuesta es de una residencia amplia pero poco ostentosa.

### Richard Holzer

**1982** Chase Manhattan Bank Building

This sole-tenant building was the headquarters of the bank's operations in Panama. The project was in collaboration with SOM (Skidmore, Owings & Merrill, New York). The simple floor plan reflects the angle of the property. The windows are protected by a concrete brise soleil.

**Edificio Chase Manhattan Bank**

La sede del banco en Panamá, un edificio de oficinas a ser ocupado por una sola institución. El proyecto fue en colaboración con la firma norteamericana S.O.M. (Skidmore, Owings and Merrill, Nueva York.) La planta, muy limpia, sigue el ángulo de la calle. Los ventanales se protegen con un brise-soleil.

**1983** Lloyds Bank Building

This small building for the UK bank, sited next to the large Chase building (above) is characterized by its unusually high quality of materials and details. An aluminum-composite brise soleil and covered parking for customers are among its distinguishing features. The design included both the building and its interior

**Edificio Lloyds Bank**

Este pequeño edificio bancario, al lado del gran edificio del Chase (arriba) se distingue por su inusualmente alto nivel de calidad de materiales y detalles. Quebrasoles de material compuesto de aluminio, muy nuevos en su momento, y estacionamientos cubiertos para los clientes son algunas características de este proyecto, en que el diseño abarcó el edificio y todos sus interiores.

**1983/85** Sonesta Building

This two-apartment-per-floor building has extraordinary views toward the Pacific Ocean from the side opposite the street. The site slopes steeply down from the street toward the rear and the ocean. The design exploits these site characteristics while maintaining its concern with cross ventilation, views, and terraces.

**Edificio Sonesta**

Proyecto de dos apartamentos por piso, con extraordinaria vista sobre el Océano Pacífico, del lado opuesto a la calle. El terreno cae abruptamente desde el nivel de ingreso hacia atrás, en dirección al mar. El diseño explota estas circunstancias, manteniendo el criterio de ventilación, vistas, terrazas e independencia.

**1983** Kodak Headquarters

The front half of an old warehouse and shop building was transformed into an office building. The offices were designed completely, including their interior design, and the building's entrance and front portion were remodeled to give a contemporary corporate image to what was essentially a very utilitarian industrial building.

**Oficinas Centrales Kodak**

Un viejo edificio de depósitos y talleres es transformado en un edificio de oficinas. Se diseñaron todas las oficinas y sus interiores, se rediseñó la entrada a éstas por la parte frontal del edificio produciendo un aspecto contemporáneo a lo que no era sino un edificio industrial utilitario.

1988 Regent Building

On a site directly fronting the Pacific Ocean, this luxury condominium has only one apartment per floor. The floor plan is oriented toward the front ocean view and toward the rear of the building, using the sides only as sources of light and air.

Designed at the same time as the adjacent Crillón building, both buildings were developed so that each could enjoy the spectacular views to the ocean and the peninsula of the old part of the city, without interfering with each other.

In addition to the usual amenities, each unit has a study and a family room that can be converted into a fourth bedroom. The floor plan provides an alternate route from the kitchen to the bedrooms without necessarily going through the living area.

A recreation area and ample garages complete the project.

## Edificio Regent

Directamente frente al mar, este condominio para el sector pudiente de la población provee tan sólo una vivienda en cada piso. Esta se desarrolla orientada hacia la vista y su posterior, usando las elevaciones laterales, muy próximas a los edificios vecinos, tan sólo como fuentes de luz y aire.

Proyectado simultáneamente con el vecino Edificio Crillón, se diseñó de manera que cada uno pueda gozar de la vista espectacular a la playa y la península, con la parte más antigua de la ciudad, sin interferencia entre ambos.

En adición a las facilidades usuales, se provee un estudio y una sala familiar susceptible a ser convertida en otra recámara. La planta procura la posibilidad de circular del área servicios al sector de dormitorios, sin necesariamente pasar por la sala.

Un área social con piscina y amplios garajes completan el proyecto.

1991 Super-Kosher Supermarket

This supermarket is located in a well-to-do neighborhood. The traditional off-street parking is supplemented here with basement parking accessible at street level due to the sloped street. The wide roof sheltering the front parking is faced in opaque glass. The exterior is a composition of layered grids.

## Supermercado Super-Kosher

Este supermercado se encuentra en un barrio de clase media alta. Los estacionamientos frontales, tradicionales en Panamá, se suplementan aquí con un nivel entero de estacionamientos debajo del mercado pero accesible a nivel, aprovechando la inclinación de la calle. El amplio techo es terminado en vidrios opacos. El frente es una composición en capas cuadriculadas.

R.H. Beachfront Home

A rather large second home on the beach. The project is sited on a long narrow property directly on the beach. The house has ample living spaces plus five bedrooms and a swimming pool complete with all necessary facilities including ample covered terraces.

## Residencia de Playa R.H.

Una segunda residencia en la playa.

El proyecto se desarrolla en un lote directamente frente al mar, pero angosto y profundo y consta de amplias áreas sociales, cinco alcobas y piscina con sus facilidades y terrazas cubiertas.

## 1992 El Dorado Towers

This apartment building is one of several to be built on the property. The apartments are modest and compact, four per floor, as always striving for a certain amount of cross ventilation. Sited in a rather commercial area, the street floor is used for retail.

At the front of these buildings is a strip center, "Los Tucanes", which was shortened at one end to accommodate a third tower, which is the one built first and shown here.

### Torres El Dorado

Este edificio de apartamentos en condominio es el primero de un futuro conjunto de varios. Se trata de viviendas muy compactas, cuatro por piso. Ubicado en un sector bastante comercial, la planta baja se aprovecha para usos de este tipo.

En la parte frontal se desarrolla un centro comercial, "Los Tucanes" del cual se eliminó, en el extremo, una parte para lograr una tercera torre que es la que eventualmente se construyó y esta en la foto.

## 1993 Córdova Plaza Shopping Center

A low-cost shopping center with stores and their parking at street level and offices on the second floor. Access to the second floor is at several points due to the length of the project. Automobiles can ascend to the second floor via a rear ramp that leads to the office parking adjacent to the spaces it serves. Distinctive shapes characterize the exterior, which incorporates the very simple individual air conditioning units into its design.

### Edificio Plaza Córdova

Centro comercial de bajo costo que consiste de una planta principal con locales comerciales y estacionamientos, y una planta alta de pequeñas oficinas. Por lo extenso del proyecto, diversas entradas dan acceso a la planta alta. En auto se accede a la planta alta, por una rampa que conduce a estacionamientos en el mismo nivel de las oficinas a las que sirven. La plástica da personalidad propia al centro, e incorpora en el diseño también los sitios para los aparatos de aire acondicionado individuales.

## 1969/73/79/90/93 Félix B. Maduro Department Store

This building was originally designed as an office building with a retail base in view of its very commercial location. The retail base was constructed first and the entire project was sold before the tower was built. The architect was the called upon to transform the building into a department store, which in turn grew over the years; a floor was added as well as an ample parking garage, while the idea of building the office tower was abandoned.

### Almacén Félix B. Maduro

El edificio fue diseñado por RH originalmente como una torre de oficinas con un bloque de locales comerciales aprovechando la ubicación comercial. El bloque inferior fue construido y la torre quedó para una segunda etapa. Antes de que eso ocurra se vendió la propiedad y al arquitecto le tocó transformarlo en una tienda por departamentos, la cual fue creciendo poco a poco, hasta incorporar un piso adicional y un amplio garaje de estacionamientos, en tanto se abandonó el proyecto de la torre.

1998 M.M.H. Residence

This residence occupies one of the few spectacular sites on the ocean shore available near the center of the city. The four-bedroom home is quite ample. The exterior treatment reflects the preferences of the owner, in line with the architect's conviction that in a home, the user's predilections must take preference over his own.

**Residencia M.M.H.**

Esta residencia se encuentra en uno de los pocos sitios en que es posible construir al borde del mar y sin embargo muy cerca del centro de la ciudad. La residencia es amplia, con 4 dormitorios. El exterior constituye una concesión al deseo del propietario, con el criterio de que, en materia de residencias, las preferencias del usuario priman sobre las del arquitecto.

Azrak Retail Complex

Convinced that sooner or later the street would be widened, the architect placed this building for boutiques toward the rear of the property, thus avoiding the loss of essential parking. The design compensates for this by incorporating the shops' signs into the forward edge of the great sheltering roof

**Condominio Comercial Azrak**

En previsión de la pérdida de estacionamientos por la eventual ampliación de la calle, que el arquitecto considera tendrá que ocurrir tarde o temprano, este pequeño edificio de boutiques se coloca al fondo de la propiedad. La arquitectura contrarresta esto, proyectando hacia adelante los rótulos al borde del gran techo protector.

1998 Bell South Building

This competition entry for a communications company expresses the owner corporation's activity through its forms and finishes, as well as the shape of the structure, which supports the antennae. The design provides for several stages of expansion to accompany the expected growth of the corporation's operations.

**Edificio Bell South**

Este proyecto fue preparado para un concurso privado. El carácter de la empresa de comunicaciones se expresa por las formas y acabados y el elemento portador de las antenas. El diseño prevé varias etapas de ampliación a medida que las operaciones de la empresa crezcan.

Albrook Office Park

This commercial complex includes offices, shops, and warehousing facilities in an area just beginning to be developed.

**Edificio Albrook Office Park**

Este complejo incluye oficinas, locales comerciales y depósitos de alquiler en una zona en desarrollo incipiente.

## Global Crossing Cable Station

This communications company's fiber-optic cables reach the coast of Panama under the Pacific Ocean, pass through this building where they are interconnected and boosted, then cross the isthmus of Panama on land and submerge again in the Caribbean on their way north and east.

Everything that this building contains is doubly redundant, and the construction contains numerous precautions to avoid any interruption to its vital function.

## Estacion de Tierra Global Crossing

Las líneas de comunicación de fibra óptica de esta empresa emergen del fondo del mar Pacífico, muy cerca de este sitio, se enlazan en este edificio en que las señales son intensificadas, cruzan el Istmo de Panamá por tierra para luego sumergirse nuevamente en el mar Caribe, camino al Norte y Este.

Todo lo que contiene el edificio es doblemente redundante, y la construcción toma toda clase de precauciones para evitar cualquier interrupción en sus funciones vitales.

## Chiriqui Shopping Center

Located on the outskirts of a provincial capital, this scheme, the first in that area of the country, is a hybrid between a mall and a strip center and thus has shops facing out as well as facing to the interior mall.

The interior circulation spaces or mall are not air conditioned and therefore the roof and ceiling are designed to permit and induce air circulation between the exterior and interior.

The parking areas are paved with concrete cobblestones on a bed of sand, divided by grass strips that the pavement slopes toward, thus reducing considerably the amount of runoff, a problem in this not-yet improved area.

The project was the first part of a commercial project that will ultimately be more than twice the size of the present construction.

## Centro Comercial Chiriqui

Un centro comercial para una ubicación en las afueras de una capital de provincia. De allí su diseño que es una combinación del esquema de filas de locales con el de un "mall".

Los espacios de circulación, aunque cubiertos, no tienen aire acondicionado y por ello se utilizan secciones tales que sin dejar de proteger las circulaciones del sol y las lluvias, permiten y facilitan la circulación del aire exterior al interior y viceversa.

Las zonas de estacionamientos se pavimentan con adoquines y se drenan hacia franjas no pavimentadas, reduciendo significativamente la cantidad de aguas lluvias a ser removidas por drenajes pluviales, un problema en esta zona aún no urbanizada.

Este proyecto es apenas la primera parte de un desarrollo comercial más de dos veces el tamaño actualmente construido.

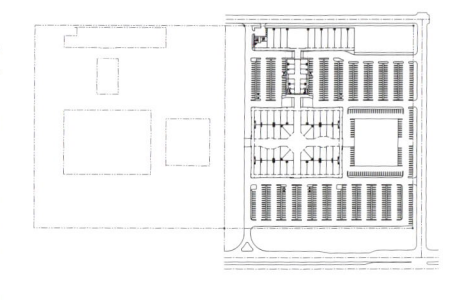

## 1997/98 M.H. Residence

Life at the beach takes place either outside in the heat at the beach or pool; in the shade of a tree or covered booth with a thatched or clay tile roof; in a covered terrace; or inside in the cool, air-conditioned environment inside the house. It is for this lifestyle that the architect designed this beach complex of three houses, a main house for the parents and two smaller houses for the married sons. The style is appropriate to the area and the clay-tiled traditional local architecture.

## Residencia M.H.

La vida en la playa transcurre o afuera en el calor en la playa o piscina o bajo la sombra de un árbol o del techo de paja o tejas de un "bohío" o una terraza cubierta, o adentro en el frescor del aire acondicionado en el interior de la casa. Es para este estilo de vida que el arquitecto diseñó este complejo, que consta de una casa principal para los padres y dos casas algo menores para dos de los hijos casados. El lenguaje arquitectónico es en armonía con el del área y la arquitectura tradicional del lugar.

2000 J.H. Residence

This large second home on the beach some 90 minutes from the city of Panama was planned for a large family. Its design once again reflects the desires and preferences of its owners, this time their predilection for the south of France.

**Residencia J.H.**

Esta amplia segunda residencia frente a la playa a 90 minutos de la ciudad de Panamá es para una numerosas familia. Como en el caso anterior, este proyecto fue diseñado reflejando los deseos y preferencias de sus propietarios, en este caso, en un estilo evocativo de Francia.

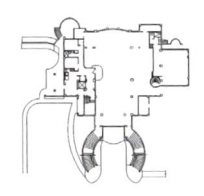

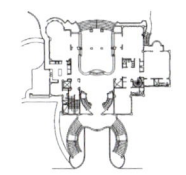

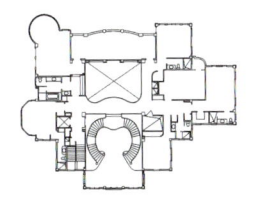

2000/01 Tuscany Building

This project for a condominium apartment building has two units per floor. Built against a steep hill, the building has views toward the front, along a street that starts at this point.

**Edificio Tuscany**

Es construido contra una loma empinada. La vista es al frente, a lo largo de una calle que se inicia en este punto.

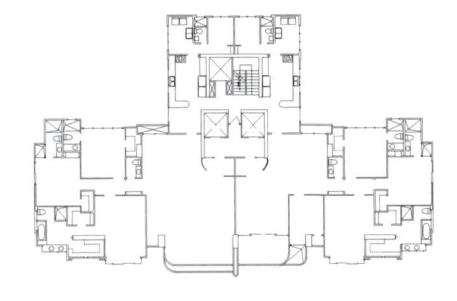

2009/10 Fidanque Building

This small commercial building is the home office of a corporation whose previous building, also designed by RH, was sold and demolished to give way for a much larger building. The architect, with the enthusiastic support of the owners, is attempting to apply here all the necessary means to achieve the first truly "green" building in town, including a roof that is a recreational garden for the employees.

**Edificio Fidanque**

Este pequeño edificio, que esta en proceso al imprimirse este libro, es la casa matriz de una empresa cuyo edificio actual, también diseñado por R. H. fue vendido y esta siendo demolido para dar lugar a uno mucho mayor. El arquitecto, con el entusiasta apoyo de los propietarios, aplicará aquí todos los elementos necesarios para convertirlo en el primer edificio "verde" de la ciudad, incluso con un techo con vegetación que servirá de recreo al personal.

# "HOLZER"

Arq. Gustavo Fabbroni Valdez

Richard Holzer and I have not known each other for a very long time—somewhat less than six years—but in this brief span we have developed a stimulating relationship of friendship and mutual professional respect. To this interesting equation I must add one more variable: I feel a deep admiration for the man in front of me.

The man sitting across from me on the other side of the granite table is tall, gray haired, and of severe expression. His features reflect a man that is severe, meticulous; and so he is, in his architecture, his clothes, his speech. This precision and absence of embellishments does not imply aridity, for his architecture is notable for its fecundity, its variety, and experimentation. That is to say that Richard Holzer is synthetic, absolute, substantial. The line goes exactly where it should, a location substantiated by extraordinary knowledge and professionalism.

He is a very refined man, meaning by that that he is person who has refined himself in all his activities, his modus vivendi, down to the essential, the transcendent. His route map is determined by his sense of logic, value and integrity, coherent with his understanding of the architect's trade.

Holzer y yo no nos conocemos hace mucho tiempo—poco menos de seis años—pero en este corto tiempo se ha podido desarrollar una estimulante relación de amistad y de respeto profesional mutuo. A esta interesante ecuación debo agregar otra variable: siento una profunda admiración por el hombre frente a mí.

El hombre sentado al otro lado de la mesa de granito es alto, canoso, de expresión severa. El semblante evidencia que Richard Holzer es un hombre riguroso; lo es en su arquitectura, en su vestimenta, en su diálogo. Esa precisión y ausencia de aderezos no quiere decir aridez, pues su obra es notable por lo prolífica y rica en variedad y exploración. Lo que quiere decir es que Richard Holzer es sintético, absoluto, sustancial. La raya va en el lugar donde debe ir, sustentada por un portentoso oficio y conocimiento.

Es un hombre muy refinado, entendiendo por esto que es una persona que se ha depurado en todo su quehacer, su modus vivendi, hasta lo esencial y transcendente. Su mapa de ruta está determinado por lo íntegro, lo lógico, lo valórico, en coherencia con su manera de entender el oficio de arquitecto.

Since a very early age I have always felt that even though the diploma in architecture is awarded by an university, the title of architect should not be used lightly, for I believe it implies a certain reverence and that is not to be bestowed gratuitously on anybody, except where a country's customs have diminished the value of titles. Even though Richard Holzer has extended to me the trust of a first-name relationship, usually I address him as Architect.

Richard Holzer is part of a caste, that of the real architects, those who will never define "their own style" as the laymen understand it. The "style" of a real Architect is that of the permanent search; the constant modeling of time and use to specific solutions. The closest and most apt characterization would be to say that Holzer's style is contemporary. Over the years, the products of Holzer's firm and his different associations have been amply recognized. The timeless character of the buildings designed in his studio has been perhaps the result of the successful but serious search for solutions that are respectful of their context, the environment, the user and the materials, free of all frivolity and capricious ornament.

Desde muy joven he pensado que, aunque el diploma de arquitecto lo otorga una Universidad, el apelativo de "arquitecto" no debe ser usado con ligereza, pues para mí encierra una reverencia y esta no se entrega gratuitamente a cualquiera, excepción hecha cuando la costumbre del país ha disminuido la importancia del uso de los títulos. Aunque Richard Holzer me ha dado la confianza del trato por nombre propio, generalmente me dirijo a él como Arquitecto.

Richard Holzer forma parte de una casta: la de los verdaderos Arquitectos, aquellos que nunca llegarán a definir un "estilo propio" como el lego lo entiende. El "estilo" del verdadero Arquitecto es el de la búsqueda permanente; el constante modelamiento de soluciones específicas al tiempo y al uso. Lo más cercano a lo correcto sería decir que Holzer es de estilo "contemporáneo". A través de los años, las obras del estudio de Holzer y sus diferentes asociaciones, han sido objeto de amplio reconocimiento. El carácter atemporal de las obras diseñadas en su estudio, ha sido tal vez el resultado de la búsqueda seria y solvente de soluciones respetuosas del

## Richard Holzer

Months ago, on that granite table, we reviewed slides of his buildings and asked ourselves in which order should this vast inventory be structured for presentation in a book. By period? By type? Would it be best to include this—or that? There were no answers to these questions, for there are no distinguishable "periods," phases during which the architect was particularly devoted to one or another architectural theme. Holzer's work has evolved in a quite natural manner; it is a coherent conversation with the city and its inhabitants. It is a continuum that does not have an introduction, a development, and certainly has no epilogue.

This book is a snapshot of the bulk of Holzer's work to date; this compendium of buildings speaks volumes about the architect's philosophy and temperament.

entorno, del usuario y de los materiales, desprovistas de toda frivolidad y ornato antojadizo.

Meses atrás, en la aludida mesa de granito, revisábamos diapositivas de sus edificios, nos preguntábamos que orden debía llevar ese vasto inventario para presentarlo como un todo articulado en un libro: ¿Por época? ¿Por tipología? ¿Será mejor incluir esta o aquella? No hubo respuestas a estas interrogantes, pues no hay "épocas" distinguibles ni períodos durante los cuales el Arquitecto se hubiese dedicado especialmente a este o aquel tema de diseño. La obra de Holzer se desarrolla de manera natural, es un coloquio coherente con la ciudad y su habitante, es un continuum, que no tiene introducción ni desarrollo y ciertamente carece de epílogo.

Este libro es una fotografía instantánea del cúmulo de la obra de Holzer al día de hoy y de lo que este conjunto de edificios dice de su filosofía y temperamento de Arquitecto.

Design awards
**Diseños premiados**

Design awards by the Panama College of Architects (affiliated with the S.P.I.A.)
**Diseños premiados por el Colegio de Arquitectos de Panamá (afiliado a la S.P.I.A.)**

| | | |
|---|---|---|
| 2007 | **Torres de las Américas** | Complex with three office towers **Conjunto de Oficinas** |
| 2005 | Auto Depot | Specialized shopping center **Centro Comercial Especializado** |
| 2004 | Mall de Chiriquí | Shopping center **Centro Comercial** |
| 1999 | **Sinagoga Ahavat Sión** | Synagogue **Sinagoga** |
| 1998 | **Credicorp Bank, Casa Matriz** | Bank interiors **Interiores de Banco** |
| 1997 | **Plaza Credicorp Bank Panamá** | High rise office building **Torre de Oficinas** |
| 1988 | **Plaza New York** | Shopping center **Centro Comercial** |
| 1988 | **Casa Alianza** | Institutional rehabilitation con/with M.Narbona **Rehabilitación institucional** |
| 1985 | **Edificio UBS** | Bank building and interiors **Edificio para Banco, incluyendo interiores** |
| 1985 | Edificio Sonesta | High-rise condominium con/with M. Narbona **Torre de Residencias en condominio** |
| 1984 | Plaza California | Shopping center **Centro Comercial** |
| 1983 | **Edificio Condota** | High-rise condominium **Torre de Residencias en condominio** |
| 1982 | **Torre Banco Unión (Hoy HSBC)** | High-rise office building **Edificio de Oficinas** |
| 1982 | **Agencias Feduro** | Commercial building **Edificio Comercial** |
| 1979 | **Banco Nacional de Panamá** | Adaptation and head office interiors **Adaptación e Interiores Casa Matriz** |
| 1976 | **Royal Bank of Canada** | Bank branch interior design **Diseño interior de un Banco** |
| 1975 | **Edificio Las Llamas** | High-rise condominium **Torre de Residencias en condominio** |
| 1975 | **Bank of Nova Scotia** | Bank branch interior design **Diseño Interior de un Banco** |
| 1971 | **Residencia Heilbron** | Residence **Residencia** |
| 1969 | Confecciones Continentales | Clothing factory **Fábrica de Ropa** |
| 1968 | Edificio Avesa | High-rise office building **Edificio de Oficinas** |
| 1967 | Santuario San Antonio de Padua | Catholic church **Iglesia católica** |
| 1966 | Edificio Emilsany | Apartment building **Edificio de Apartamentos** |
| 1966 | Edificio Central | Comercial complex **Complejo Comercial** |
| 1963 | **Hotel El Continental** | Hotel **Hotel** |
| 1962 | **Edificio Arboix** | Apartment tower **Torre de Apartamentos** |
| 1960 | Residencia Holzer | Residence **Residencia** |

Projects in bold letters were distinguished as "Best of the Year"
**Proyectos en negrita fueron distinguidos como "Mejor del Año"**

## 224
### Richard Holzer

## Curriculum vitae

Richard Holzer was born in Vienna, Austria, in 1923. His life in Panama began when his family moved there in 1938, just prior to WW II.

First in his class, he obtained his BA in architecture at the University of Panama in 1951.

Upon graduation in Panama, his mentor Gustavo Schay took him into his firm, whose name subsequently changed from G. Schay, architects to Schay & Holzer, architects.

While Schay & Holzer's practice grew significantly, Holzer nevertheless took a one-year leave of absence in 1955 in order to study at the Berkeley campus of the University of California, where in 1956 he obtained an M.A. in architecture with his thesis on bioclimatic design in the humid tropics.

After 1956 Schay & Holzer's volume of work began to grow significantly in number and size of projects.

From 1967 to 1979, Holzer divided his time between his practice and his professorship at the University of Panama, where he taught Architectural Design and Theory of Architecture, and served as thesis director.

By 1971, when the architect Marcelo Narbona joined the firm, Schay & Holzer morphed into Schay, Holzer, Narbona, architects, with Richard Holzer as its president. In time, and after several name changes, this became Holzer y Narbona, Inc. a firm that continued to turn out significant work until very recently.

Numerous professional and civic activities, newspaper and magazine articles, and civic and professional awards attest to Holzer's civic involvement.

In 2006 the two partners and friends decided to limit their practice to only that which each felt desirable and of personal interest, while continuing to share their offices and infrastructure.

Richard Holzer thus formed R. Holzer Architectural Consulting, Inc.* where he continues to practice his craft.

Richard Holzer nació en Viena, Austria en 1923. Su vida en Panamá data de 1938 cuando su familia llegó a las costas de América justo antes de la segunda guerra mundial, en 1938.

Ocupando el primer puesto obtuvo su licenciatura en arquitectura en la Universidad de Panamá en 1951.

Al graduarse en Panamá, su mentor, el arquitecto Gustavo Schay, veinte años su mayor, lo incorpora a su firma cuyo nombre cambió de G. Schay, arquitecto a Schay & Holzer, arquitectos.

No obstante la creciente carga de trabajo de la firma, el Arq. Holzer en 1955 se ausenta por un año para estudiar en la Universidad de California, Berkeley donde en 1956 obtiene la Maestría en Arquitectura con su tesis sobre el diseño bioclimático en los trópicos húmedos.

Luego de su regreso a la firma crece el número y la importancia de los proyectos que le encargan.

De 1957 hasta 1979 Holzer divide su tiempo entre el ejercicio profesional y la docencia como catedrático de la Universidad de Panamá donde enseña Diseño Arquitectónico y Teoría de la Arquitectura y funge como director de tesis.

En 1971 el Arquitecto Marcelo Narbona se unió a la firma, ahora llamada Schay, Holzer, Narbona y Asociados, S. A. fungiendo Holzer como su presidente. Con el tiempo y luego de varias permutaciones la firma se convirtió en Holzer y Narbona, S.A. y continuó produciendo obras importantes y significativas hasta muy recientemente.

Numerosos escritos en revistas y periódicos así como diversos premios atestiguan su activa participación cívica y profesional en la vida de su país, Panamá.

En 2006 los dos socios y amigos deciden ser más selectivos en su ejercicio profesional y cesaron de funcionar como Holzer y Narbona para dedicarse cada uno a lo que más le interesaba, no sin seguir compartiendo oficinas e infraestructura.

Así el Arq, Holzer forma Consultoría Arquitectónica R. Holzer, S. A.* donde continúa ejerciendo su profesión.

* R. Holzer Architectural Consulting, Inc. **Consultoría Arquitectónica R. Holzer, S.A.**
Calle 50 No. 120, piso 18, Suite 1801, Panama, Rep. de Panamá
Tel (507) 210-1101, Fax (507) 210-1102
www.RH-architecture.com; **www.RHarquitectura.com**
RHolzer@RHarquitectura.com

Photo credits: Except as noted below, all photos are by R. Holzer or from his collection. Many photos were prepared for publication by Igor Kourany or TSyA S.A.

Fotos: Las fotos son de la colección de R. Holzer, salvo las indicadas. Muchas fotos fueron preparadas para publicación por Igor Kourany o por TSyA S.A.

Pág 56: Iglesia Miraflores
Pág 91, 93 (top left): Igor Kourany
Pág 158, 162 (bottom left, right): Rodolfo Arangundi
Pág 174: Twin Torres de las Americas
Pág 173, 175-179: TSyA S.A.